아이부터 어른까지 함께하는

동화 속 철학 탐험

아이부터 어른까지 함께하는

동화 속 철학 탐험

웬디 터전 지음

김혜숙 · 강희원 · 남진희 · 문소정

배소현 · 양지선 · 전명선 옮김

교육과학사

역자 서문

철학이 많이 친숙해졌다.

어려워서 무슨 말인지 모르겠고, 두꺼워서 가지고 다니기도 힘들었던 철학책들이 누구나 읽을 수 있도록 쉽고 가볍게 쓰인다. 지금 서점가에서는 노자와 니체, 쇼펜하우어가 맹활약 중이다. 어린아이들이 보는 그림책에도 철학이라는 말이 붙기 시작한 지 오래다. 아이들과 함께 교실에서 철학을 하려는 유초중고 선생님들도 많아졌다.

이게 진짜 철학일까?

철학이다. 기원전 6, 7세기 서양철학이 시작되었을 때 철학은 누구나 할 수 있는 것이었다. 소크라테스는 시장에서 젊은이들과 대화를 나누었고, 심지어 어린 노예와도 대화를 나누면서 그들이 '스스로' '잘' 생각할 수 있도록 이끌어 주었다. 그래서 '인간과 삶과 세상'에 대해서 더 '잘 이해하고 판단'하도록 도와주었다. 그래야 바르게 따뜻하게 행동하기 때문이다.

철학은 그런 것이다.

잘 생각해서 좋은 생각을 갖는 것, 그래서 좋은 사람이 되고 좋은 세상을 만드는 뿌리를 갖는 것이다. 아리스토텔레스의 형이상학을 이해하고 칸트의 순수이성을 이해하는 것이 철학의 본질이 아니다. 그것은 보탬이 되는 자료들이다. 철학은 나와 다른 사람들, 그리고 좋은 삶과 좋은 세상에 대해서 그 '의미와 가치와 지향'을 '스스로 묻고 숙고하고 성찰'한다. 삶이라는 쉽지 않은 항해에서 든든한 등대와 도구를 얻는 일이다.

그래서 많은 사람이 철학을 하고자 한다.

누구나 좋은 삶을 원하기 때문이다. 아이는 아이대로 어른은 어른대로 의미 있게 살고 싶다. 특히 부모와 교사에게는 그것이 이중의 소망이 된다. 나의 삶뿐 아니라 아이들의 삶에 관여하며 그들을 돌보고 이끌기 때문이다. 어떻게 하면 아이들에게 그런 삶을 살도록 도울 수 있을까. 아무리 생각해도 아이들을 경쟁의 줄다리기에 몰아넣고 아이들이 의미도 모른 채 이기거나 아니면 무기력하게 소외되도록 하는 것은 아닌 것 같다. 결국 어느 쪽도 자기 삶은 아니기 때문이다. 지금 우리 어른들에게도 아이들에게도 철학함이 절실하다.

하지만 쉽지 않다.

철학에 대한 오해가 사회 전반에 만연해 있다. 사실 실생활에서는 철학이라는 말을 쓰는 것조차 어려워한다. 게다가 학교의 교육과정은 빡빡하고, 어른들이 이미 만들어 놓은 의미와 가치와 지향이 너무나 빼곡하다. 무엇보다 수능이라는 거대한 장벽이 어린이와 청소년들의 발랄하고 자유로운 사유의 시간을 허락하지 않는다. 어른도 마찬가지이다. 질문을 잃은 지 오래고, 의미는 사치이기도 하다.

그런데 이 책은 동화로 누구나 쉽게 철학할 수 있다고 초대한다.

처음에는 이 책을 아이들과 철학하는 선생님 몇 분과 스터디용으로 읽었다. 그런데 웬디 터전의 신박한 아이디어가 우리끼리 읽기에는 아까웠다. 목차를 보면 누구나 공감하실 거다. 그녀는 너무나 친숙한 〈신데렐라〉와 〈인어 공주〉를 가지고, 어린이와 청소년은 물론 어른들끼리도 철학을 할 수 있는 친절한 안내 지도를 제공하고 있다. 그간 우리가 발견하지 못한 중요한 삶의 주제와 흥미로운 질문들로 가득하다. 얼마나 고마운 일인가.

지금 당장 웬디가 소개한 동화책을 하나 구하자.

그리고 아이들과 혹은 여러분의 친구들과 마주 앉아, 그녀가 정성껏 준비한 철학 탐험의 문을 열고 들어가 보자. 이 간단한 시작으로 여러분은 아이들의 놀라운 몰입과 생각을 만나고, 여러분이 차마 꺼내놓지 않았던 삶의 진솔한 질문들과 다시 만나게 될 것이다. 여러분은 2천5백 년 전의 소크라테스다.

이 책으로 철학이 좀 만만해지면 좋겠다.

10분이어도 좋고 1시간이어도 좋다. 그 시간이 아이들과 우리들의 존재를 바르게 따뜻하게 세우고 지킬 것이다. 여러분이 서로의 생각을 존중하고 믿고 기다리면서 서로에게 진실로 경청한다면, 장담한다. 우리는 누구나 그렇게 될 수 있는 존재들이다.

이 뜻깊은 여정을 함께한 선생님들과 이런 여정에 쉼표를 찍을 수 있게 도와주신 교육과학사에 깊이 감사드린다.

2024년 움틈의 계절 3월에

함께 번역한 선생님들을 대표하여 김혜숙이 씀

추천의 말

우리는 동화와 매우 친숙하다. 〈신데렐라〉, 〈인어 공주〉, 〈백설 공주〉는 거의 어린 시절의 필독서였다. 그러나 이런 이야기 속에 철학적 주제들이 담겨 있다는 걸 알아차리지는 못했다.

웬디 터전(Wendy Turgeon)의 상상력 넘치는 새 책, '동화 속 철학 탐험'을 읽는 사람들은 생각이 바뀔 것이다. 터전은 훌륭한 재간으로 우리를 13개의 서로 다른 동화 속으로 초대하여, 이 이야기들이 어떻게 사려 깊은 토론을 이끄는 주제들을 제기하는지 보여준다. 이러한 주제 중에는 이야기 구조 자체에서 제기되는 것도 있고,(왜 모든 일들은 언제나 셋에서 시작하는가? 예를 들어 '골디락스와 곰 세 마리'에서 왜 비키가 잠든 집의 주인은 곰 세 마리인가?) 명료하게 철학적인 것들도 있다.(비키가 아기 곰의 접시, 의자, 침대를 발견했을 때처럼, 무언가를 '딱 맞게' 만드는 것은 무엇인가?).

아이들을 철학에 초대하는 방법은 다양하다. 나는 주로 그림책을 사용하지만, 직접 이야기를 쓰거나 아무런 매개체 없이 철학적 난제들을 아이들에게 제시하는 사람도 있다. 그에 비해 동화는 오랫동안 무시되어 온 자료인데, 터전은 이 책에서 동화가 재치 있는 서사와 친숙성으로 아이들의 철학적 사고를 이끄는 데 얼마나 훌륭한 자료인지를 보여준다.

13개 각각의 동화마다 줄거리를 요약하고 제기될 만한 철학적 주제들을 안내하였다. 그리고 제시된 주제를 아이들이 깊이 향유할 수 있도록 구체적인 질문과 다양한 연계 활동까지 제공하고 있다. 동화로 철학 토론을 시작하려는 교사나 부모에게 훌륭한 안내가 될 것이다.

더구나 터전은 동화라는 장르의 역사와 함께 철학적인 논의가 가져야 할 기본적인 특징도 설명해 주고 있다. 철학적인 배경이 거의 없는 독자들도 터전의 명료하고 구체적인 안내를 따라 아이들과의 철학적 대화를 이끌 수 있다.

동화를 사랑한다면, 여러분은 이 책에서 어떤 자극을 받고 고무될 것이다. 그리고 서둘러 아이들을 만나 동화를 함께 읽고 놀라운 철학적 대화를 시작하고 싶어질 것이다.

- 토마스 바텐버그

감사의 말

우선 나는 토마스 바텐버그에게 감사를 전한다. 그는 지지와 격려를 끊임없이 보내주었고, 이 책을 위해 유익한 제안들을 해주었다. 동화 연구를 지원해준 뉴욕 세인트 조지프 대학에도 감사드린다. 국제적인 공동체인 '어린이와 함께하는 철학(philosophy with children)'은 나 자신의 철학과 유년기 시절에 대한 이해를 풍부하게 해주었고, 공동체의 많은 사람들은 내 아이디어를 구체화하는 데에 영감을 주었다.

그리고 동화에 대한 공동 탐구에 기여해 준 세인트 조지프 대학의 학생들에게도 감사를 전한다. 마지막으로 나는 앨리스 거하드스타인에게 깊이 감사한다. 그녀의 창의적이고 흥미로운 삽화는 그 자체만으로도 탐구를 자극한다.

들어가는 말

환상적인 동화의 세계에 오신 것을 환영한다. 아마 여러분은 동화를 어린 시절의 좋은 추억으로 기억하거나, 아니면 지금 아이들에게 읽어주고 있을지도 모른다. 어쩌면 교실에서 동화 수업을 하고 있을 수도 있다. (그 수업은 유치원에서 고등학교까지 어디에서나 가능하다.) 동화는 보편적인 호소력을 갖는다. 게다가 디즈니는 동화를 우리 집 안으로 끌어들여 다양한 등장인물에 대한 상징적인 이미지까지 심어주었다. 그러나 이 책은 여러분에게 익숙한 이야기들을 지금까지와는 조금 다른 형태로 탐구하도록 초대할 것이다.

이 책의 내용은 1부와 2부로 나뉘어 있는데 순서대로 읽을 필요는 없다. 제1부 1장에서는 아이들이 철학적 탐구를 즐기는 방식과 어른이 자신의 아이 같은 철학적 자아를 어떻게 되살릴 수 있는지에 대해 안내한다. 2장에서는 어린이와 청소년들에게, 혹은 어른들에게 깊은 반성과 진솔한 대화를 촉진하는 철학적 방식에 대해 소개할 것이다.

3장에서는 어떻게 동화가 이러한 철학적 토론의 멋진 기회를 제공하는지 설명한다. 동화의 간단한 역사도 소개하는데, 여러분은 동화가 어떤 모습으로 수 세기에 걸쳐 진화해왔는지에 대해 알게 될 것이다.

제2부에서는 각 장마다 동화를 하나씩 다룬다. 여러분이 아이들과 함께 철학 탐험을 시작할 수 있도록 탐구 주제와 질문 목록, 그리고 연계 활동까지 함께 소개한다. 적정 연령도 제시했지만, 여러분의 흥미나 참여자들의 수준에 맞춰 자유롭게 조정하기를 바란다. 이야기를 읽거나 선택하는 데 정해진 순서는 없다.

토론 질문과 연계 활동의 형식은 철학소설 지도서를 공들여 제작한 IAPC(어린이철학진흥원)의 훌륭한 연구에서 영감을 받았다. 나는 철학을 탐구하기 위해 이야기를 사용하는 그들의 창의적인 접근방식에 많은 신세를 지고 있다.

차례

제1부 철학과 대화, 그리고 동화

제2부 동화 속 철학 탐험

제1부

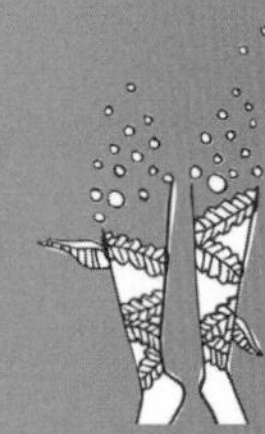

철학과 대화, 그리고 동화

김혜숙

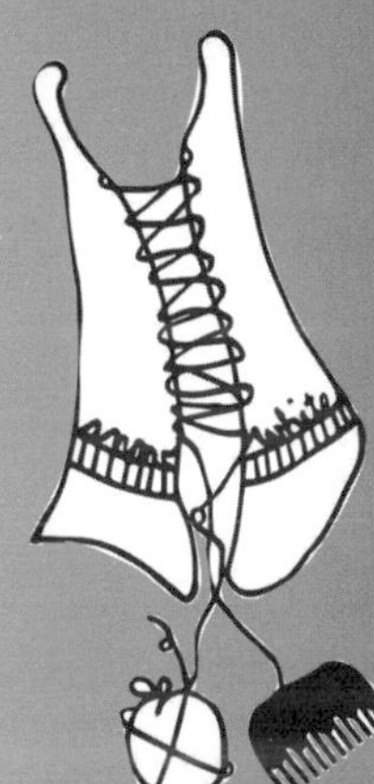

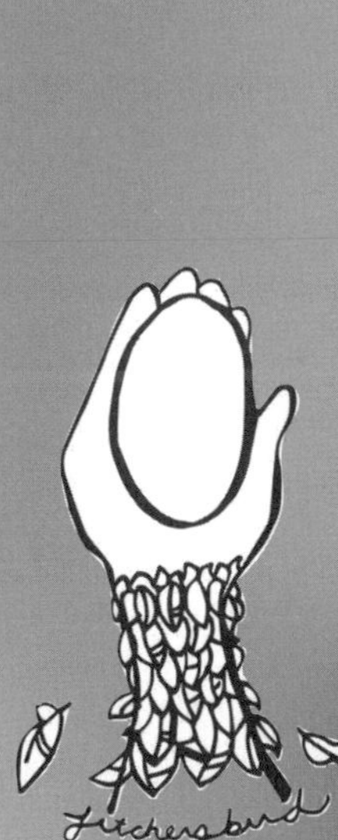

1장

철학은 아이들을 위한 거예요

이 책의 목적은 아이들(혹은 여러분 자신)과 함께 철학적 경이로움을 재발견하도록 여러분을 초대하는 것이다. 이 목표로 우리를 데려가 줄 차량은 동화이다. 이 장에서는 즐겁고 의미 있는 철학적 대화를 위한 몇 가지 지침을 안내하고, 미취학 아동부터 성인까지 함께 사용할 수 있는 전략을 개략적으로 설명하고자 한다.

아마도 여러분은 아이의 부모이거나 친척일 것이다. 아이의 사려 깊은 성향과 탐구의 즐거움을 증진시킬 방법을 찾고 있다. 어쩌면 여러분은 아이들로 가득한 교실의 교사일 수도 있다. 그들을 대화에 참여시키고, 그들이 정중하게 대화하는 기술을 익혀 신중하고 배려 있게 생각하도록 도울 방법을 찾고 있을 것이다. 아니면 여러분은 청소년을 위한 철학 동아리를 운영하고 있거나, 혹은 그 동아리의 회원일 수도 있다. 중요한 사상을 탐구하기 위해 새로운 방법을 찾고 있을 것이다. 마지막으로, 여러분은 그저 동화를 사랑스럽게 기억하고, 어린 시절 무엇이 여러분을 사로잡았었는지 궁금해서 동화를 다시 읽고 싶은 어른일 수도 있다.

이 책은 어렵지만 중요한 개념에 관심을 가진 어린이나 젊은이들과 함께 진솔하고 의미 있는 대화를 나눌 수 있는 방법을 제공할 것이다. 이 책은 철학이나 철학자의 역사에 관한 책이 아니다. 그러한 책은 독서를 위해 훌륭한 책인 반면, 이 책은 동화를 사용하여 진정한 철학적 토론을 불러일으키는 데 유용하다. 3장에서 동화에 대해 조금 더 논의하겠지만, 여기서 중요한 점은 여러분이 철학적 토론에 참여하든 아니면 아이들을 초대하든, 그를 위해 철학의 역사나 사상에 대해 전문가가 될 필요가 없다는 것이다.

선천적인 철학자로서의 아이들

철학은 보통 대학에서나 하는 것으로 인식된다. 여러분은 대학에서 철학 수업을 듣고, 그것이 매우 추상적이고 복잡해서 이해하기에 너무 이질적이라고 생각했을지 모른다. 아니면 좋아는 했지만, 답이 거의 없는 질문들 외에 얻은 것이 없다고 느꼈을 수도 있다. 그래서 철학이 대학 이전 수준의 학생들에게는 너무 추상적이고 낯선 이야기라고 생각할 수 있다. 또한 청소년들이 그런 점을 불편해하거나 우리 성인의 관점에 도전할 구실을 갖게 될지도 모른다고 걱정할 수 있다.

그러나 여러분은 곧 어린이들이 선천적인 철학자라는 점을 발견하고 놀랄 것이다. 지난 30여 년간 철학자들은 심지어 서너 살 된 어린아이들도 고전적인 철학적 질문을 하고 답을 찾는 데 진정으로 관심이 있다는 것을 알게 되었다. 그것은 매우 조용한 혁명이었다. 철학자 가레스 매튜스는 아이들이 즐기는 철학적 질문에 대한 책을 쓰고, 아이들을 탐구로 이끄는 전통적인 철학적 문제들도 소개했다. 그의 책 〈어린이와 함께하는 철학(Philosophy and Young Child)〉, 〈어린이들과의 대화(Dialogue with Children)〉에는 아이들이 실제로 나눈 철학적 대화가 여러 편 실려 있는데, 그 예화 속 아이들은 중요한 주제들에 대해 진지하고 예리하게 탐구하고 있다.

또 다른 철학자인 매튜 립맨은 어린아이들이 가진 호기심의 불씨를 공교육이 어떻게 죽이고 실패로 이끄는지에 대해 큰 충격을 받았다. 철학이 세상에 대한 경이로움과 궁금증의 감각을 다시 살릴 수 있을까? 그는 '그렇다'고 생각했고, 유치원부터 고등학교까지의 커리큘럼을 개발했다. 교재들은 전통적인 철학적 문제와 질문이 담기도록 신중하게 고안된 이야기 형식으로 어린이와 청소년이 철학적으로 생각하도록 고안되었다.

그의 목표는 청소년들이 제대로 생각할 수 있도록 탐구와 토론의 기술에 대해 배울 기회를 제공하는 것이었다. 그는 비판적이고 창의적인 사고의 이러한 기술이 민주주의의 삶에 필수적이라고 주장했다. 민주시민은 의문을 제기할 줄 알아야 한다. 이성에 개방적이면서, 현안에 대해 최선의 해결책을 찾자는 공동의 목표를 두고 공동의 논의를 할 수 있어야 한다. 나는 이 주장이 매우 가치 있고 필요한 것으로 재론의 여지가 없다고 생각한다.

이 선구적인 철학자들 이후에 전 세계의 많은 연구가들이 철학적으로 홍미 있는 어린 시기와 진정한 철학자로서의 아이들에 대해 학술연구를 진행했다. '아이들과 함께하는 철학'과 '아이들의 철학'은 전문 철학자들 사이에서 인정받는 관심 분야가 되었다. 그에 못지 않게 교사와 학부모들 또한 아이들의 철학적 호기심에 점점 더 매료되었다.

삶에서 아이들과 상호작용할 때, 우리는 그들이 얼마나 호기심 많고 사려 깊은지 알게 되고, 그들에 대한 새로운 존중도 키우게 된다.

일반적으로 어린아이들에게는 추상적인 사고능력이 없다고 주장하지만, 우리는 그들이 늘 그런 사고를 하고 있다는 것을 발견한다. 심지어 기본적인 언어 능력의 숙달은 일반화를 통해 이루어지기도 한다. 캐나다의 교육자 키런 이건이 지적했듯이, 어린아이는 그들이 가장 좋아하는 디즈니 영화나 이야기의 주요 주제를 이해한다. 이건은 어린아이들이 선/악, 아름다움/추함, 인간/동물, 어둠/빛, 공주/마녀 등 중요한 대조 개념을 통해 세상을 파악한다고 주장한다.

아이들은 말을 시작하자마자 추상적인 사고를 작동시키면서 주변 세상에 매료된다. 2살에서 4살 사이 아이들은 전형적인 '왜' 질문으로 어른들을 자주 짜증 나게 하지만, 그 질문은 자신을 둘러싼 것들에 대해 이해하고 의미를 부여하고 싶은 아이들의 깊은 갈증을 드러낸다. 아리스토텔레스의 〈형이상학〉은 '모든 인간은 선천적으로 알고 싶어 한다.'는 말로 시작된다. 분명히, 우리는 세계와 의미에 대한 매혹을 처음부터 가지고 있었다. 그런데 왜 우리는 그러한 철학적 호기심의 감각을 잃고 지루해하는 것일까?

왜 철학은 어린이와 청소년들에게 흥미로울까? 그리고 어떻게 철학이 가족 간의 대화나 교실에서의 사고를 향상시킬 수 있을까? 이제, 철학적 대화가 어떤 모습인지 개략적으로 설명하고, 독자들이 이 아이디어를 여러분의 자녀나 학생들에게 혹은 독자에게 알맞게 조정하도록 초대할 것이다.

왜 어린이와 청소년은 철학적 주제에 관심을 가지는가

어린이와 청소년은 근원적인 질문에 매력을 느낀다. 예를 들어, 나는 왜 존재하는가? 모든 것은 어디에서 왔을까? 진실은 무엇일까? 숫자는 정말로 끝이 없을까? 무엇이 나를 나로 만들까? 무엇이 옳은 일이고, 그 이유는 무엇일까?와 같은 질문들이다. 이러한 종류의 질문은 전통적인 철학에 속한다.

전통적인 철학의 영역은 인식론, 형이상학, 윤리학, 미학이다. 인식론은 우리가 세상에 대해 어떻게 알고, 진리가 무엇을 의미하는지 탐구한다. 형이상학은 실제의 본질과 근원, 그리고 자아의 개념과 존재의 의미에 대한 질문을 다룬다. 윤리학은 선과 악, 옳고 그름, 그리고 인간의 행동을 지배하는 규범적 개념을 어떻게 정립해야 하는지를 탐구한다. 아름다움에 대해 궁금해하는 것은 아름다움의 개념과 예술, 창의성의 본질에 대한 탐구인 미학에 관심을 갖는 것이다. 이 모든 주제들은 어린이와 어른 모두에게 중요하다.

규칙과 규제는 아이들의 삶과 밀접한데, 이러한 개념은 정치철학과 윤리학에서 다루어진다. 소크라테스 이전 고대 그리스 철학자들로부터 현대의 철학자들까지 철학 사상의 역사는 답하기 어려운 이런 주제들에 대해 매우 다양한 답을 제공하고 있다. 공자 시대부터 지금까지의 아시아 철학에서도 다양한 답을 발견할 수 있다. 철학은 우리 인류가 한번도 벗어나본 적 없는 인간 성찰의 분야이다.

철학은 세상에 대하여 본질적으로 열린 질문을 한다. 열린 질문은 어른들을 귀찮게 하지만, 아이들은 그 답이 무엇인지 알고 싶어 한다. 특히 다양한 답을 할 수 있다는 점에 매료된다. 정확하게 표현하면 그들을 흥분시킨다. 왜냐하면 열린 질문은 아이들에게 반성적 사고를 계속 불러일으키기 때문이다. 이것이 진정한 질문이다. 책이나 성인의 권위를 기준으로 아이들을 측정하고 평가하려는 함정이 아니다. 어른들에게 철학적 지식이 많다 하더라도, 함께 철학하는 동안에는 아이들과 동등한 입장에 선다.

아이들은 애매모호함을 어른들에 비해 훨씬 더 편안하게 즐긴다. 왜냐하면 그것은 아이들에게 질문이 가치 있고 살아 있다는 신호이기 때문이다. 어른들은 그러한 개방성이 정답과 확실성을 찾는 아이들을 혼란스럽게 하거나 화나게 할 것이라고 걱정한다. 물론 어른은 통제할 수 있고 모든 것이 괜찮다는 것을 확인하고 확신하고자 하는 질문도 있다. 하지만 의미 탐구를 위한 근본적이고 중요한 질문은 '바로 그 답'으로 가는 길이 명확하지 않고 파악하기도 쉽지 않다. 그렇다고 이런 점이 절망적이거나 나쁜 것은 아니다.

어른들은 어느 정도 '인식적 겸손'을 배워야 한다. 그래야 아이들이 그들의 삶에서 어른들과 함께 탐구하는 파트너로서 자유로울 수 있다. 미지의 것, 무서운 것, 의심으로부터 아이들을 보호하고 싶은 만큼, 우리 어른들은 불확실성 앞에서 자신의 답에 겸손해야 하며, 기꺼이 검토해야 할 대상으로 여겨야 한다. 그렇게 하는 것이 더 나은 사고에 열려 있는 인간으로서 필수적이라는 것도 깨달아야 한다. 이것이 바로 진정한 '철학적 대화'의 본질이다. 우리는 모두 함께 이 대화에 참여한다.

해결된 것처럼 보이는 문제를 다시 검토하는 것은 열린 마음과 자기수정적 역량을 보여주는 표시이다. 이러한 역량은 정신적, 인격적 성장을 이끈다. 우리는 가정과 부모의 양육으로부터 세계관을 물려받았지만, 그 모든 것을 단순하게 무조건 받아들일 필요는 없다. 마찬가지로 우리가 세상을 보는 방식이 정확한 세계관이라고 확신하더라도, 아이들이 스스로 선택하도록 허용해야 한다. 더불어 어른으로서 우리도 계속 성장하고 변화해야 한다.

아이들을 돕기 위해서는 질문하고 탐구하는 것뿐 아니라 비판적이고 배려적으로 사고할 수 있게 해야 한다. 이것이 우리가 철학적 성찰과 발견에 아이들을 참여시키는 중요한 이유이다. 의미 탐구는 결코 끝나지 않는 일이다. 우리 스스로도, 함께하는 아이들이 자녀든 학급 아이들이든 상관없이, 아이들과 함께 탐구하면서 많은 것을 배운다. 그렇다면 이러한 종류의 탐구는 어떤 모습일까? 아이들을 혼란스럽게 하지도 않고, 그렇다고 아직 받아들일 준비가 되어 있지 않은 생각들을 아이들에게 '주입'하지도 않을 방법은 무엇일까?

이 두 가지 우려는 매우 현실적이다. 우리는 아이들이 자신과 세상에 대해 무력감을 느끼거나 걱정할 정도로 그들을 혼란스럽게 만들고 싶지 않다. 마찬가지로 우리는 철학적 대화에서 소크라테스의 대화법을 따르면서, 아이들에게 아직 준비되어 있지 않은 생각을 강요하고 싶지도 않다. 이런 점은 내 아이가 학교에서 철학한다는 말을 들은 학부모에게 걱정거리가 될 수도 있다. '올바른' 철학을 배울지 궁금할 것이다. 나는 여기서 이 두 가지 문제를 모두 피할 수 있는 방법을 제시해보고자 한다.

만약 아이들이 스스로 질문하고 주제를 선택하여 철학적 대화를 주도한다면, 어른이 그들에게 특정한 '주제나 질문'을 제시하고 강요할 필요가 없다. 아이들이 어떤 주제에 관심을 보인다면, 이미 그것에 대해 생각하고 있다는 것을 의미한다. 이 책에 소개된 동화마다 탐구 주제와 토론 질문이 제시되어 있지만, 아이들이 동화를 읽고 만들어내는 주제를 조정하거나 확장하는 안내자료로 생각하면 된다. 약간의 혼란은 오히려 좋을 수 있다. 진행자는 너무 사적인 문제나 토론자들을 화나게 하는 주제에 대해서는 주의해야 한다.

다음 장에서는 어린이나 청소년들과 함께 의미 있고 생산적인 철학적 대화를 하기 위한 지침을 소개한다. 여기 소개된 탐구 주제 대부분은 성인도 관심을 보일 수 있다. 따라서 동화가 가진 풍성한 주제들을 탐험하기 위해 여러분의 친구들과 함께 '동화와 함께하는 저녁 시간'을 가져보는 것도 좋겠다.

2장

철학적 전환을 위한 전략

대학 이전 수준의 철학은 어떤 모습일까?

이 장에서는 여러분의 자녀나 학생들과 철학적으로 대화하는 방법에 대해 구체적인 도움을 주고자 한다. 아이들과 철학적인 대화를 나누는 것은 아이들에게 철학사를 가르치거나 어려운 철학서를 함께 읽는 것이 아니라는 것을 강조하며 이야기를 시작하자. 사실 우리가 학생들을 가르친다는 의미가 배우고 익혀야 할 중요한 사실과 정보를 학생들에게 전달하는 것일까? 가르친다는 것은 주어진 문제를 탐구하기 위한 방향과 목표와 기준 없이 그에 대해 단순히 소통하는 것 이상이다. 철학적인 대화를 위해서는 논리에 주의를 기울이면서 질문에 기꺼이 답해보려는 마음이 필요하다.

철학적 대화가 여행 중인 자동차 안에서 불쑥 떠오르는 말과 질문으로 시작될 수 있지만, 우리를 놀라게 하는 일이나 상황에 의해 자극될 수도 있다. 이러한 철학적 당혹감을 자극하기 위해 이야기를 사용하는 것은 입증된 기술이다. 그렇게 했을 때 풍부하고 의미 있는 철학적 대화가 보다 쉽게 열리기 때문이다. 어린이나 청소년을 위한 이야기들은 우리를 이러한 탐구에 초대한다. 물론 어떻게 시작해야 하는지를 알아야 가능하다.

이 책은 전통 동화 속에 숨어 있는 다양한 철학적 주제와 내용들을 살핀다. 동화는 친숙한 이야기이면서도 주제 탐구를 위한 매력적인 기회들을 새롭고 흥미로운 방식으로 제공한다. 다음 장에서는 동화에 대해 알아보고, 그것이 왜 철학의 풍부한 원천인지를 소개하고자 한다.

이 책은 다양한 연령대가 사용할 수 있는 일반적인 안내가 될 것이다. 물론 참여자들의 상황(연령, 문화적 배경 등)에 따라 조정해야 한다. 철학적 대화는 어른과 아이들은 물론 다양한 연령대의 모임에서도 가능하며, 교실이나 학교 밖 철학 클럽에서도 가능하다.

유아나 초등학생과 함께하는 철학적 대화

1. 되도록 방해받지 않고 아이들에게 집중할 수 있는 조용한 시간을 선택한다. 집안일 등 여러 가지 다른 일 때문에 거르거나 잊지 않도록 일정을 잡는다.
2. 즐거운 철학 모험에 여러분의 자녀나 모임 아이들을 초대하자. 그들에게 철학은 질문하고, 다양하게 생각해서 답을 찾아보고, 퍼즐을 맞

쳐나가는 모험이라고 소개한다.

3. 이 책에 소개된 동화 중에서 하나를 고르고 해당 동화책을 준비한다. 이야기를 아이들에게 큰 소리로 읽어주거나 아이들이 읽게 한다. 여럿이 함께 할 때는 되도록 동그랗게 앉아 돌아가면서 읽는 것이 좋다.
4. 어떤 장면이든지 아이들이 재미있어하거나 당혹스러워하는 것이 느껴진다면, 그리고 뭔가 질문하고 싶어 한다면, 잠시 멈춘다.
5. 항상 아이들의 말에 귀를 기울이자. 성급하게 아이들의 의견을 고치려 하거나, 그 의견이 무엇을 의미하는지 무엇을 생각해야 하는지 먼저 말해주지 않는다. 필요하다면 아이들에게 자신의 말에 대해 설명하도록 요청하자.
6. 이 활동은 독해가 아니라 이야기가 데리고 가는 우리의 생각을 따르는 것임을 기억하라. 생각은 덤불에서 시작하지만 하늘로 날아오르는 아름다운 새와 같다. 덤불은 잠시 잊고 새를 따라간다. 그러니 이야기 바깥에 머무르는 것을 걱정하지 않아도 된다. 바로 이 점이 철학 토론과 독해 수업의 차이이다. 독해 수업은 이야기의 내용을 완벽하게 이해하는 것이 목적이지만, 우리는 생각의 흐름을 함께 나누는 철학 모험 중이다. 그러니 아이들에게 이야기 자체를 완벽하게 이해하지 못해도 괜찮다고 말해주자. 그 이야기가 우리에게 무엇을 생각나게 하는지에 대해 집중할 수 있도록 도와주자.
7. 아이들의 의견이나 질문을 메모해두면, 잠재적인 토론 주제 목록을 갖게 되어 도움이 된다. 언제든, 아이들을 어리둥절하게 혼란스럽게

흥미롭게 만들었던 그곳으로 아이들을 초대할 수 있는 것이다. 심지어 이야기와 무관하더라도 말이다.

8. 먼저 아이들의 질문으로 시작하는 것이 좋다. 그렇게 하면 참여자들은 이야기의 내용보다 자신들의 흥미에서 만들어진 질문에 좀 더 집중하게 된다. 내용에 대한 닫힌 질문이 만들어질 수 있다. 그래서 처음에는 철학적으로 생각해볼 만한 질문에 대한 사례와 연습이 필요하다. 2부에 소개된 탐구 주제와 토론 질문이 도움을 준다. 여러분과 아이들에게 풍부한 잠재적 탐구 주제들을 찾아내는 철학적 눈과 귀를 연습시켜 줄 것이다.
9. 다른 관점을 묻는 것을 두려워하지 않아야 한다. 우리가 모든 답과 생각에 관심 있다는 것을 참여자들에게 분명히 말해 주어야 한다. 단지 하나의 답을 찾고 있는 것이 아니다. 만약 모두가 동의한다면, 대안적인 관점들이나 답에 대해 살펴본다. 어릴수록 처음 나온 의견이나 답에 동조하는 경향이 있다. 따라서 다른 의견을 찾아보고 탐구하도록 참여자들을 이끌어야 한다.
10. 동화를 다 읽고 나서, 말하고 싶은 점이나 궁금한 점이 없는지 묻는다. 이것은 참여자 스스로의 '토론 주제'를 만드는 밑거름이 된다. 여러분이 이야기하고 싶은 점에 대해 이야기할 수도 있다. 여러분이나 참여자들의 선택에 달려있다.
11. 여러분의 역할은 토론을 촉진하거나, 함께 질문하고 생각하는 탐구의 동료가 되는 것이다. 특히 자녀와 할 때는 더욱 그렇다. 답변에 대한 이유를 묻는 데 집중하고, 반대 사례 또는 가능한 다른 답변도 생

각해보도록 격려한다. 아이들이 자신의 답을 생각하고 왜 그렇게 생각했는지, 이 생각에는 어떤 문제가 있는지 생각할 수 있도록 돕는다. 학생들을 대신해서 대답하지 않도록 조심하고, 서둘러 당신의 관점을 말하지 않는다. 참여자들에게 떠오른 생각이나 질문을 갖고 놀게 하는 것이 중요하다. 현재 논의 중인 질문에 대해서 더 이상 할 말이 없어서 다른 주제나 질문으로 넘어가고 싶어 하는 것 같다면, 그렇게 하도록 한다. 어쩌면 이야기의 내용으로 돌아가거나 다른 관심사를 살펴보고 싶어 할 수도 있다.

12. 아이들의 생각을 즐겨라. 그리고 아이들 역시 철학적 대화를 얼마나 즐기며 참여하는지 지켜보자. 이곳에서는 참여자들의 생각이 의미 있고 중요한 것으로 여겨지기 때문에, 그들은 편안하고 자유롭게 생각의 꽃을 피울 것이다.
13. 이 시간을 즐기자.

참여자의 연령에 따라 철학적 대화는 15분 또는 1시간 동안 지속될 수 있다. 정해진 시간은 없다. 한번 나눈 질문을 다음 시간에 다시 다루는 걸 주저하지 마라. 하나의 동화를 하루나 한 주, 혹은 더 오래 다룰 수도 있다.

청소년들과 함께하는 철학적 대화

토론의 일반적인 패턴은 그대로 유지되지만, 청소년이나 청년들은 동화에서 얻은 주제를 그들의 삶과 연결하면서 좀 더 빨리 이야기 내용을 벗어나고 싶어 한다. 이 수업은 독해 시간이 아니기 때문에, 어린 시절의 흥밋거리였던 동화를 사용하는 것이 '스트레스 없이' 철학적 성찰을 시작할 수 있게 돕는다. 처음에는 청소년들이 동화를 무시할 수 있다. 하지만 '유아용 도서'로 여겼던 동화 속의 철학적 주제들에 대해서 함께 탐구하면서, 그들은 즐거움을 느끼기도 한다. 이야기의 탐구 주제는 대부분 연령에 관계없이 모두에게 연관되며, 따라서 누구에게나 열려있다. 청소년들도 어린아이들만 읽는다고 생각한 이야기들 속에 숨겨진 어른스러운 주제들을 발견하고 그에 대해 탐구하는 것이 즐거울 것이다.

여러분 또한 청소년들에게 독해가 어려운 소설을 읽게 해야 한다는 압박감을 피할 수 있다. 오히려 청소년들과는 동화의 역사를 공유할 수 있고, 어떻게 이 이야기들이 가족 모두가 함께 즐길 수 있는 이야기가 되었는지 설명해 줄 수 있기 때문에 더 좋다. 청소년들은 다양한 동화에 이미 익숙해져 있지만, 함께 탐구하면서 그 이야기들에 대해 다시 생각해보게 된다. 이전에 생각지 못했던 새로운 주제나 관점들을 발견해 나가면서, 탐구하는 것이 재밌다고 여길 수도 있다. 또한 여기에 추천된 동화들이 그들에게 친숙한 판본이 아니기 때문에, 이 이야기들을 영화나 텔레비전 버전과 비교하면서 더 신선하게 느낄 수도 있다.

이야기를 함께 읽으면서 떠오르는 생각을 적는 것은 앞서 설명한 어린이들의 활동과 같다. 2부에 제시된 탐구 주제 중에 어떤 것은 어린이보다는 청소년들에게 적합한 것도 있고, 연령 구분 없이 어른을 포함하여 누구나 함께 다룰 수 있는 것도 있다. 특히 토론 질문은 해당 주제가 청소년들에게 적합한지 그렇지 않은지를 보여준다. 구체적인 토론에서, 여러분은 다양한 반응과 생각들이 기꺼이 표현되는 것이 반가우면서도, 한편으로는 그들이 이끄는 대로 결론을 따라가는 게 마땅하지 않을 수도 있다. 늘 학생들의 견해에 대해 타당한 이유를 들도록 요청한다. 그것은 철학적 대화의 본질로서 필수적이다.

대화 시간은 참여하는 이들의 집중력과 헌신에 따라 달라진다. 한 주제에 대해 일정한 시간 동안 토론해야 한다고 생각하지 말아야 한다. 어린이나 청소년들이 토론에 빠져들면, 우리 어른들의 예상보다 시간이 더 걸릴 수 있다는 걸 기억하자. 이때 명심해야 할 것은 어른으로서 여러분이 특정한 생각을 가르치려는 듯이 보이면 안 된다는 점이다.

토론 진행에서 중요한 점

참여자들의 연령과 상관없이 토론을 이끄는 몇 가지 중요한 점을 공유하려고 한다. 좋은 철학적 토론에서는 대화가 계속 진전된다. 명백해 보이는 결론도 실은 그렇지 않을 수 있기 때문이다. 우리는 플라톤의 소크라테스 대화편에서도 비슷한 교훈을 얻는다. 결국 참여자들은 자신의 '무지함'을 깨닫게 되고, 이 과정을 통해 선택지들에 대해 더 잘 알게 된다. 왜 어떤 답은 효과적이지 않은지, 왜 내가 가진 핵심개념의 정의는 적절하지 않은지 돌아보게 된다. 나의 무지를 안다는 것은 그 자체로 철학적 성찰이 주는 성취이다. 이런 점에서 참여자들은 계속 생각하게 된다.

대화 과정의 논의 방식에 대해서는 늘 주의를 기울여야 한다. 우리는 언제 예를 들고 언제 정의를 내려야 할까? 무엇인가를 정의하는 데 어려움을 겪고 있다면, '존 같은 단짝을 친구라고 부른다.'처럼 예를 활용하기도 한다. 그러나 예는 구체적이지만, 정의라고 하기에는 보편적이지 않다. 그렇다면 모든 친구들이 갖고 있는, 친구를 친구이게 하는 공통점은 무엇인가? 여기서 우리는 '친구'라는 개념을 이해하기 위해 친구의 중요한 기준이 무엇인지 탐구할 수 있다.

설명은 실제로 발생한 상황에 대한 것인가, 아니면 발생할지도 모르는 상황에 대한 논증인가? 설명은 본질적으로 인과관계이며, 존재하는 사실에서 출발해서 역으로 단서를 제공한다. 예측을 통해서는 미래를 내다보는데, 우리가 얼마만큼의 근거를 가지고 있느냐에 따라 확신의 강도가 달라질 것이다.

우리의 진술은 묘사인가, 아니면 규정인가? 묘사는 사건이나 생각을 상세하게 이해할 때 중요하지만, 사실이 이러저러하다고 해서 '그래야만 한다'는 결론이 자동으로 도출되는 것은 아니다. '모든 사람은 거짓말을 한다.'는 것이 인간에 대한 맞는 묘사일 수 있지만(비록 여러분이 반대할지라도), 그렇다고 해서 거짓말이 정당화되는 것은 아니다. 한 나라가 가진 편견의 역사를 설명하거나 묘사한다고 해서, 그 편견을 받아들여야 한다거나 반드시 존재할 수밖에 없다고 정당화할 수는 없다.

전제와 결론의 관계가 필연적인가(연역논증), 혹은 전제가 결론을 강하게 지지하는가?(귀납논증) 우리의 논증 대부분은 본질적으로 귀납적이다. 사람들은 본인의 입장을 확신시킬 설득력 높은 증거를 제시한다. 과학은 귀납적 추론에 기초한다. 어떤 이론에 대한 근거가 많을수록, 우리는 그 이론이 확실하거나 진리라고 확신하게 된다.

연역추론은 순수 형식논리이다. 만약 전제가 참이라면, 건전한 연역논증은 반드시 참인 결론에 이르게 된다. 이러한 종류의 논증은 현실에선 적용이 어렵지만, 한번 찾아내기만 하면 매력적으로 작동한다. 단순하지만 효과적인 예를 들자면 다음과 같다. 만약 비가 온다면, 나는 출근길에 장화를 신을 것이다. 지금 비가 온다. 두 명제가 다 참이라면, 지금 내가 신고 있는 신발이 뭔지 맞힐 수 있을 것이다. 그렇다. 장화다!

활발하게 철학적 대화를 나눈다면, 모든 선택지를 다 탐색해보고 싶을 것이다. 어떤 하나에 모두가 동의한다면, 그 반대 입장에서도 생각해볼 수 있을까? 진행자나 참가자 모두가 즐거워할 만한 '만약' 시나리오이다. 만약 다른 입장이 있다면, 그것은 무엇일까? 그 입장은 어떻게 정당화될 수 있을까? 만약 누군가 우리의 입장이나 정의에 도전한다면, 우리는 어떻게 대응해야 할까? 공동체가 다른 관점이나 생각을 놓쳤을 수 있기 때문에, 우리는 서둘러 어떤 결론이나 답에 동의하고 싶지 않다. 이 모든 과정은 훌륭한 비판적 사고가들이 나누는 대화의 특징이다.

이처럼 논증의 방식에 대해 의식적으로 주의를 기울이는 것은 철학적 공동체를 만드는 데 필수적이다. 여기서 중요한 점은 '논증'이지 사람이 아니다. 이런 점에서 '논증'은 싸움이 아니라 주장을 뒷받침할 증거를 제시하는 방식임을 기억하라. 따라서 우리는 상대방이 어떤 입장을 취하든 그 의견을 존중하며 들어야 하고, 논증에 집중해야 한다. 근거의 출처를 비웃으면 안 된다.

만약 토론 주제가 '아름다움이란 무엇인가?'라면, 우리는 그 탐구의 과정뿐 아니라 탐구의 내용으로서 질문과 가능한 답변 모두를 다루게 된다. 여기서 중요한 점은 우리의 어린 철학자들이 제시한 모든 의견이 동등한 가치를 지니는 것은 아니라는 점이다. 모든 의견에 개방적이어야 하지만, 그 의견 모두를 받아들일 필요는 없으며, 합당한 근거와 이유를 댄 주장과 그렇지 않은 주장을 동등하게 대할 필요도 없다.

요약하면, 철학적 대화는 이야기 읽기로 시작한다. 아이들은 이야기를 읽고 질문이나 토론거리를 떠올린다. 흥미롭거나, 어렵거나, 혹은 얘기해보면 재밌을 만한 것들로 말이다. 대화할 주제가 만들어지면, 진행자는 논리 규칙을 일깨워주거나, 생각이 진전될 수 있도록 연속질문을 하거나, 새로운 아이디어를 소개하면서 대화를 다듬어간다.

토론의 마무리 단계에서 공동체가 함께 탐구를 돌아보는 것은 가치 있는 일이다.

- 무엇을 발견했는가?
- 계속 생각해봐야 할 질문은 무엇인가?
- 서로의 말을 존중하며 들었는가?
- 의견을 낼 때 이유를 말했는가?
- 사실이나 가치를 탐구했는가?
- 모든 사람이 자신의 의견을 제시할 기회가 있었는가?

이러한 메타 성찰을 통해, 우리의 젊은 철학자들은 대화에서의 사고 수준을 스스로 평가하게 되고, 자신이 탐구한 질문과 생각의 유형에도 민감해진다. 최종 결론에 도달하거나 합의하지 못했어도, 자신들의 생각과 토론의 질을 돌아보고 평가할 수 있다.

학교 교육에서 철학의 가치

이 책은 다용도로 고안되었다. 우리는 저녁 식탁에 앉아서나 야구하러 가는 차 안에서도 자녀들과 대화할 수 있다. 교사들은 이 책을 '읽기 수업'에 쓸 귀중한 심화 버전용 자료로 생각할 수도 있다. 하지만 이제 '철학 수업'에 주목해보자. 많은 연구에 의하면, 어려운 질문을 하고, 추론과 탐구 능력과 기술을 자기 성찰적으로 기르는 것은 학업 성취뿐 아니라 다른 참여에서도 중요한 성과를 거둔다고 한다. 교육은 단순히 정보의 축적이 아니다. 비록 '어떤 것'에 대한 앎이 우리가 주변 세계를 이해하고 논증하는 데 귀중한 자원이 된다고 해도 말이다.

최근 교육계에서 '암기 학습'이 폄하되고 있지만, 경험을 분류하게 해주는 정보의 저장이라는 점에서 그 진정한 가치는 여전히 남아 있다. 하지만 만약 우리가 아이들에게 그 정보를 앵무새처럼 외우고 반복하게만 한다면, 교육은 실패한 것이다. 현재 아이들에게는 다양한 방면에서 엄청난 양의 자료들이 쏟아지고 있다. 아이들은 그중에서 어떤 정보가 중요한지 그리고 어떻게 평가해야 하는지를 배워야 한다.

그들은 정보를 가지고 무엇을 해야 할지 알아야 하며, 자신의 앎을 평가하면서 자신의 배움을 주도할 수 있어야 한다. 또한 중요한 개념을 다루면서 의미를 만들어 가야 한다. 그렇게 해야 습득된 지식이 시험이나 TV 퀴즈쇼 이상의 효용을 가진다. 가족이나 교사로부터 얻은 정보와 가치도 조심스럽게 검토되어야 한다. 아이들 삶 속의 어른들에게 도전하는 것이 아니라, 아이들에게 어른들이 참되고 선하다고 생각하는 것의 진정한 가치를 음미할 기회를 제공하는 것이다.

만약 부모와 교사들이 좋은 근거로 뒷받침된 건전한 정보를 가지고 있다면, 우리는 아이들이 그것을 인정하고 포용하기를 바란다. 그렇지 않다면, 우리는 이해 없이 순응을 강조하는 권위주의적인 고집을 부리는 것이 되며, 이것은 청소년이 어른의 권위주의에 저항한다는 이유로 어른이 가진 좋은 생각들마저 거부하는 역효과를 낳을 수 있다. 우리는 어른으로서 우리의 견해가 단순히 권위주의적인(무차별적인 힘을 통한) 것이 아니라 권위적인(좋은 추론과 증거를 통한) 것이기를 원한다.

가정과 교실에서의 철학은 공동 탐구자들 사이의 신뢰를 바탕으로 이루어진다. 아이들은 추론하고 경청하고, 자기 수정에 열려 있고, 또 배움과 지식을 공동의 노력으로 간주하는 능력을 가져야 한다. 비판적 사고가의 본질은 논리적으로 생각할 뿐 아니라, 반성과 성찰의 중요성을 바탕으로 다양한 의견을 나누고 대안적인 입장을 경청할 줄 아는 것이다. 심지어 우리가 가장 소중히 여기는 신념에 대해서도 마찬가지이다.

일관성은 가치 있는 것이지만 더 나은 추론이나 생각에 대해 그리고 누구든 실수할 가능성이 있다는 것에 대해 완강히 거부할 때, 그것은 악이 된다. 실수는 실패라기보다는 깊이 있는 인식론적 겸손과 용기의 표시이다.

철학은 소크라테스가 그랬듯이 가장 현명한 사람은 자신의 무지를 깨달은 사람이라는 것을 상기시켜 준다. 하지만 동시에, 철학은 더 많이 더 잘 알기 위해 노력한다.

부모가 자녀와 함께 철학을 즐기는 방법

이 책을 읽는 부모는 곧 자녀들과 함께하는 진정한 대화의 즐거움을 발견할 것이다. 철학은 어른과 아이가 함께 관심 있는 문제나 중요한 개념들에 대해 탐구하는 지적 모험을 공유하도록 초대한다. 우리는 늘 현재 우리의 삶이 얼마나 바쁜지, 그리고 아이들이 공부나 학원, 혹은 스포츠나 게임에 얼마나 매달려 있는지 한탄한다.

부모는 직장 생활과 가사, 그리고 양육 사이에서 균형을 맞추기 위해 고군분투한다. 삶은 분명 도전적이다. 그래서 멈추고 서로 이야기할 수 있는 기회는 부모와 자녀 모두에게 매우 귀중한 선물이다. 휴대폰을 내려놓고, 이어폰을 뽑고, TV나 컴퓨터에서 눈을 떼고, 한자리에 모여 간단하게 대화를 나눠 보자.

물론 철학적 대화는 자녀와 함께 타고 가는 차 안에서, 혹은 저녁 식탁이나 잠자기 전에 이루어질 수도 있다. 철학적인 질문을 하고 그에 대해 가능한 답을 탐구하는 기회를 한 번이라도 가져보면, 철학이 언제든 어디서든 가능하다는 것을 알게 될 것이다. 그 즐거운 시간에 자녀의 친구도 초대하는 것을 잊지 마라. 나이대로 나누어 생활하는 현 사회 구조 속에서 아이들에게는 함께 이야기 나눌 마땅한 어른이 거의 없다. 어린이나 청소년들의 말을 경청하는 어른의 존재는 그들의 삶에 선한 영향력을 끼치는 강력한 힘이다. 그들이 어른이 되었을 때, 그들은 다시 그런 어른이 될 것이다.

이 장을 나가며

나이와 상관없이, 철학은 모두를 위한 것이다. 동화로 철학적 탐구를 하는 것은 마법으로 꾸며진 이야기를 통해 우리 삶의 의미를 탐구할 수 있는 멋진 기회이다. 다음 장에서는 왜 철학적 대화를 위해 동화를 사용하는지 알아본다. 동화는 대개 사회 정의나 성 역할에 대한 질문, 그리고 정직, 약속, 선, 악과 같은 윤리적 개념들을 제기한다.

이 책에서는 13개의 동화를 소개하지만, 여러분은 이를 다른 동화에도 쉽게 적용하여 여러분 나름의 주제와 활동들을 만들어 낼 수 있다. 무엇보다 철학은 진지하면서도 즐겁고 재미있다. 생각의 탐험을 준비해 보시라.

3장

왜 동화인가

우리는 대부분 동화에 익숙하다. 자라면서 공주와 왕자의 이야기, 말하는 동물들, 마법적인 소원, 마녀와 괴물의 무서운 이야기를 좋아하였다. 우리는 어린 시절에 디즈니 영화를 좋아했고, 최근에도 자녀들과 함께 재미있게 보고 있다. '동화'는 이렇게 아동 문학에서 매우 익숙한 장르이다.

아마 여러분 대부분은 동화가 너무 단순하고 유치해서 진지하게 관심을 기울일 만한 가치가 별로 없다고 여길 것이다. 더구나 그에 대해 철학적으로 대화한다는 것은 더욱더 가치가 없는 일이라고 생각할 것이다. 그러나 '옛날 옛날에'라는 말은 어른과 아이 모두를 사로잡는 말이다. 이 때문에 동화는 아이들과 청소년, 그리고 심지어 어른들까지도 반성적인 사고에 참여시키는 아주 매력적인 것이 된다. 동화는 단순하고 지루하며 유치한 이야기가 아니다. 우리는 그 흥미로운 줄거리 속에서 중요한 사상의 세계를 발견한다. 이 거대한 생각들에 대해서는 잠시 후에 다루겠다.

동화의 역사와 수수께끼

이 이야기들의 기원을 탐구하기 위해 조금 돌아가보자. 유럽 동화의 역사는 아주 길고 복잡하다. 장르로서의 동화는 이탈리아의 잠바티스타 바실레, 스트라파롤라 같은 작가와 수집가들이 활약했던 16세기까지 거슬러 올라간다. 16세기, 이 이야기들은 어른을 위해 쓰였기 때문에 외설적이고, 불경하며, 빈정거림으로 가득하다. 문장도 거칠어서 어린이용으로는 전혀 맞지 않았다. 여러 이야기에서 권력자는 조롱당하고 왕자를 이기는 소작농은 찬양된다. 꾸며진 이야기라는 보호막 아래서, 비판하기 위험했을 사람들이나 상황에 대한 정치적인 발언들을 쏟아냈다. 그러나 이야기라는 이 보호 장치가 오래가지는 않았다.

17, 18세기 프랑스의 작가들은 이런 이야기를 귀족 모임인 살롱의 흥밋거리로 변형시켰다. 이들에 의해 '미녀와 야수', '빨간 모자'와 같은 이야기는 풍성한 언어로 치장되었다. 이야기들의 교훈은 분명했지만 모순적인 재미도 얽혀있었다. 그 이야기들은 이전 버전에 비해 상당히 정돈되었으나, 그럼에도 여전히 에로틱하고 폭력적인 장면이 많았다. 그러나 작가들은 자신이 어렸을 때에 유모나 〈마더 구스〉에게 그렇게 들었을 뿐이라고 주장했다.

우리는 그림 형제, 즉 야코프 그림과 빌헬름 그림 형제의 헌신에 많은 빚을 지고 있다. 19세기, 그림 형제는 그들이 독일 민화라고 여겼던 이야기들을 수집하는 데에 거의 모든 시간과 정성을 쏟았다. 그들은 수집된 이야기들을 모아 7판까지 편집하고 출간했다. 동화가 우리와 우리 아이들의 삶에 들어오게 된 것은 그림 형제의 덕이다.

그들의 목적 중 하나는 이야기를 통해 독일의 정체성을 세우는 것이었다. 나폴레옹이 게르만 국가들을 포위하고 있을 때, 그림 형제는 통일된 게르만에 대한 감각을 일깨우고 싶었고, 동화가 그렇게 해줄 거라고 믿었다. 비록 그 이야기들이 게르만 고유의 것이 아니어도 상관이 없었다. 그림 형제는 이야기들이 교육받지 않은 민간에서 온 것이라고 했지만, 사실과는 다르다. 그들이 모은 이야기의 주요 출처 중 하나는 중산층 가족의 교육받은 여성 가정교사였다. 이것은 왜 프랑스와 이탈리아의 이야기들이 독일 동화로 탈바꿈하였는지를 보여준다.

그림 형제는 이야기 모음집의 확장판을 만들면서, 이야기가 보다 '어린이 친화적'이고 '도덕적'이 되도록 수정했다. 이 모음집을 국가 자긍심뿐 아니라 어린이에게 미덕을 심어주는 중요한 도덕 교육 텍스트로 여겼기 때문이다. 그러나 그들의 수정이 자연스럽지만은 않았다.

라푼젤의 변화를 살펴보자. 첫 번째 판본에서 라푼젤은 마녀에게 자신의 옷이 점점 작아져서 몸에 낀다고 순진하게 말한다. 마녀는 즉시 그녀가 남자와 만나고 있음을 눈치챈다. 그러나 다음 판본에서는 라푼젤이 마녀에게 왜 나이 든 여자를 끌어 올리는 것이 왕자를 끌어 올리는 것보다 더 무거운지 묻는다. 첫 번째 버전은 라푼젤이 임신도 모를 만큼 순진하다는 것을 보여주는 반면, 수정본은 임신에 대한 언급을 피하면서 그녀를 멍청이로 묘사한 것이다. 하지만 이런 변화에 무슨 의미가 있는지 잘 모르겠다. 하여튼 동화와 민화의 그림 형제 버전은 빠르게 가정의 기본서가 되었고, 어린이들의 도덕 교육을 위해 중요한 문학적 원천이 되었다.

동화의 독자와 성격은 수 세기에 걸쳐 변화를 거듭하였다. 사실 오늘날에는 동화의 기원에 대해 다양한 이의가 제기되고 있다. 스토니 브룩 대학의 루스 보티가이머는 동화가 16세기 베니스 상인 계급의 문학적 오락을 위해 창안되었다고 주장한다. 이 주장은 동화를 흐릿한 민속적 과거에서 도시적인 창조물로 끌어낸다.

좀 더 일반적인 이론은 동화가 유럽과 중동아시아의 구전 전통 이야기에서 기원하였고, 무역로를 따라 돌아다니면서 각 지역의 문화를 흡수하여 통합되고 '토착화'되었다는 것이다. 이것은 왜 다른 전통 문화에 조금씩 다른 버전의 비슷한 이야기들이 많은지 그 이유를 설명해준다.

무엇이 동화를 동화로 만드는가

동화를 정의하는 것은 도전적인 작업이다. 사실, 요정은 자주 나오지 않는다. 우리가 발견하는 것은 마법, '옛날에 아주 먼 곳에'라는 상상의 땅, 말하는 동물, 그리고 대부분의 해피엔딩이다. 신화가 대개 비극으로 끝나는 반면, 동화는 오래오래 행복하게 사는 것으로 끝이 난다. 물론 모두 그렇지는 않다. 그림 형제의 모음집에는 영웅이 결말에서 죽는 비극적인 이야기들도 있다. 1920년대, 러시아 학자 블라디미르 프로프는 등장인물과 사건을 바탕으로 민화와 동화를 분류하여 정교한 형태론을 발전시켰다.

동화는 대부분 역경을 만나고 그것을 극복하여 끝내 승리하는 주인공에 대한 이야기이다. 이 주인공은 대개 평범한 사람들이다. 그러나 그들은 현명하고 친절하며, 그들의 성공을 돕는 마법으로 부와 사랑, 그리고 행복과 같은 엄청난 행운과 명성을 얻게 된다.

이 메시지는 나이나 사회적 계급, 문화에 상관없이 우리 모두에게 와닿는다. 특히 마법적인 사고는 21세기 산업사회에도 생생하게 살아있다. 우리는 사악한 의붓자매, 계모 그리고 질투하고 시기하는 형제자매들이 결국에는 벌을 받는다는 강력한 주제로서의 정의를 발견한다. 동화 속 해피엔딩이 폭력적일 수도 있으나, 그 폭력은 그러한 벌을 받을만한 자에게로만 향해있다.

동화에 숨겨진 의미

동화의 역사적 배경만이 미스터리는 아니다. 최근 많은 학자들이 동화의 의미를 해석하고 있는데, 각자 그 해석이 상당히 다르다. 특히 심리학, 역사, 문학, 사회 이론 등과 같은 다양한 분야의 학자들이 동화의 매력에 대해 연구하고 있다. 왜 동화는 문화와 역사를 통해서만이 아니라 우리들의 기억 속에서도 지속되는 것일까? 동화가 실제로 무엇을 말하고 있는지에 대한 다양한 견해를 탐구하는 것은 재미있고 유익한 일이다.

정신과 의사인 브루노 베텔하임은 저서 〈마법의 사용법〉(1976)에서 동화는 아이들이 자신의 삶에서 어려운 심리적 전환 단계를 거치는 것과 관련이 있다고 주장했다. 예를 들면 부모에 대한 분노를 사악한 계모와 마녀의 모습으로 대체한다는 것이다. 그는 〈헨젤과 그레텔〉 같은 이야기를 분석하기 위해서는 프로이트식 렌즈가 필요하다고 했다. 그래야 아이들이 가진 유기에 대한 잠재적인 두려움이나 성에 대한 불안에 이 이야기들이 어떻게 작용하는지 알 수 있다고 했다.

그의 해석에 따르면, 어린이를 위한 동화의 힘은 그들이 성적 불안의 시기를 잘 극복하고 부모에 대한 긍정적이거나 부정적인 감정을 잘 다루도록 돕는 데에 있다. 그의 주장은 성차별적인 측면에도 불구하고 동화에 대한 진지한 관심을 불러일으켰다. 문학은 우리에게 분노와 질투의 감정을 안전하게 다루는 방법을 보여준다.

문학적 관점에서, 저명한 소설가 안젤라 카터는 친숙한 동화들을 페미니스트적이고 어른스러운 반전으로 다시 썼다. 페미니스트들은 동화의 줄거리와 의미 속에서 여성이 묘사되는 방식을 해체시키는 데 관심을 기울였다. 동화 속 소녀나 여성들은 그들을 구해줄 왕자를 수동적으로 기다리고 있는 것일까? 도대체 어느 정도까지 여성을 교환할 재산으로 볼 수 있는가? 심지어 남편이 야수임에도 불구하고 말이다. 카터는 여성이 다른 여성들과의 유대를 통해 남성 억압자들보다 강해지고 궁극적으로는 승리하는 것으로 줄거리를 반전시킨다.

동화를 바탕으로 한 영화들은 특히 어린 소년 소녀들에게 성별과 권력에 대한 메시지를 비판하기 위한 소재가 되기도 한다. 어떤 영화들은 동화의 전통적인 진행과정에 의문을 제기하고 그 흐름을 바꾸기도 한다. 디즈니 영화는 여성을 구조가 필요한 공주(잠자는 숲속의 공주)에서 용감하고 능력 있는 여주인공(겨울왕국)으로 바꾸었다. 그러나 여성적인 아름다움은 전통 이야기에서 확고히 정의된 대로, 여전히 날씬하고 아름다우며 금발이다.

최근 잭 자이프스, 마리나 워너, 마리아 타타 등 동화 연구자들은 사회이론의 렌즈를 통해 동화를 분석하고 있다. 그들의 성찰은 우리를 흔들어 깨워주고 좀 더 다른 시야를 가지고 동화를 읽게 도와준다. 그래서 익숙한 것들을 문제 삼는 데에 열려 있도록 준비시킨다. 즉, 그들은 우리가 동화를 통해 사회적 삶에서 느끼는 중요한 질문과 문제들을 직시하고 신중히 검토하도록 우리를 자극한다.

연구가들은 우리에게 동화를 성별과 사회적 역할의 관점에서 읽어 보라고 권한다. 이를 통해 우리 스스로 자신의 현재 사회적 역할에 대해 의문을 제기해 보라는 것이다. 동화 속에서 구조되기만을 기다리는 수동적인 공주는 어린 소녀 독자들에게 그들의 사회적 역할은 명령대로 남성을 섬기고 인내심을 갖고 순종하는 '착한 소녀'라고 가르친다. 많은 이야기 속에서 속임수와 거짓말이 승리하고, 영리한 도둑이 존경받기도 한다.

그러나 가끔은 이런 모델에 도전장을 내밀고, 남편보다 더 현명하게 저항하여 죽음을 극복하는 용감한 여주인공도 등장한다. 그런 이야기들은 주목할 가치가 있다. 다음 장에서 그중 몇 가지를 다루고자 한다.

철학적 자극을 주는 동화

이야기는 단순한 오락거리가 아니라 인간 삶에 대한 진지한 개념을 탐구하는 초대장이다. 그러나 동화는 그간 이러한 질문들과 무관한 것으로 여겨져 왔다. 이야기 형태 속에 가려진 채, 기아나 유기, 심지어 식인 풍습과 같은 힘든 현실이 등장한다. 은혜, 용기, 동정심, 인간의 선함에 대한 이야기도 많다. 우리가 이런 중요한 주제들을 알아차리기만 한다면, 동화는 철학적 탐구를 자극하는 새롭고 흥미로운 방식으로 우리에게 다가올 것이다. 2부에서는 친숙한 줄거리에 내재된 풍부한 주제와 아이디어를 탐구할 수 있는 구체적인 초대장을 준비할 것이다.

동화 속에는 다양한 철학적 주제가 담겨 있다. 자연과 우리 주변의 세계, 친구 또는 적으로서의 동물, 사회 정의의 문제, 가족과 사회 그리고 낯선 사람들, 성 역할에 대한 질문, 진리와 아름다움과 선에 관한 고전적인 철학적 질문 등이다. 어린이와 청소년들은 자신의 경험이 세상 속에서 어떤 의미가 있으며, 자신은 어떤 위치에 있는지 알고 싶어 한다. 그런 그들에게 이런 철학적 주제들은 매우 매혹적이다.

동화의 허구성은 그것을 현실과 동떨어지게 한다. 하지만 그것이 동화가 가진 매력이기도 하다. 우리는 동화 속 인물과 사건들을 안전하게 우리의 생생한 경험과 연결 짓고 또 적용할 수 있다. 잘 알지 못하는 어두운 숲과 마주할 용기가 필요하지 않은 사람이 있을까? 지금 살고 있는 방식과 전혀 다르게 살기를 바라거나 꿈꾸지 않은 사람이 있을까? 다른 사람의 잔인함과 친절함을 경험하지 않은 사람이 있을까?

이러한 동화의 허구적 렌즈를 통해, 우리는 자신의 신념을 유보할 수 있을 뿐 아니라, 그 등장인물들이 우리 시대에 살았다면 겪었을 경험과 고민에 직면하게 된다. 어린이와 청소년, 그리고 어른이 모여서 동화가 던져주는 문제와 질문을 함께 고민해 나간다면, 그 모든 참여자들은 단순히 더 나은 인간이 아니라, 더 나은 비판적 사고가가 되고, 다른 사람을 더 많이 배려하며, 가족과 사회 공동체의 구성원들을 더 잘 이해하기 위한 힘을 기르게 될 것이다.

그것은 철학의 위대한 약속이다. 물론 그런 변화가 반드시 일어날 것이라는 보장은 없다. 하지만 사려 깊고 배려 있는 사람은 무관심하고 사려 깊지 못한 사람보다 늘 더 나은 사람이다. 동화는 상상력이 풍부하고 매력적인 이야기로 독자들에게 철학적 경이로움으로의 탐험을 선사할 것이다.

4장

선정 동화와 활용

2부에 소개될 13개의 동화는 출처가 다양하다. 고전적인 버전도 있고 어린이들을 염두에 두고 다시 쓰인 이야기도 있다. 아마 서점이나 도서관에서 쉽게 구할 수 있을 것이다. 어쩌면 여러분은 아이들이 이야기의 장면을 맘껏 상상하도록 그림이 없는 버전을 선호할 수도 있다.

하지만 삽화가 없는 동화를 찾는 것이 쉽지는 않다. 때로는 삽화가 멋진 대화를 만들어 내기도 한다. 특히 동화의 삽화는 지난 100년에 걸쳐 다채롭게 발전되어 왔기 때문에, 이미지 자체가 철학적 토론을 자극하는 좋은 원천이 될 수도 있다.

여기 선정된 이야기를 디즈니 영화나 만화로 처음 접한 독자들도 많을 것이다. 나는 여러분이 영화나 텔레비전 버전이 아닌 고전 버전을 찾기 바란다. 최근 버전들을 보면, 어떻게 저렇게 변형될 수 있을까 하는 놀라움과 의구심을 갖게 된다.

대개 인어 공주 에리얼이나 미녀와 야수의 미녀, 그리고 백설 공주에 대한 우리의 이미지는 디즈니 영화가 만들어 준, 영원히 깨질 것 같지 않은 우상으로서의 이미지이다. 하지만 그들은 대개 원래보다 더 폭력적이거나 아니면 더 정화되었다. 만약 여러분이 그림 형제나 안데르센 버전을 읽는다면, 여러분은 놀라면서 이렇게 변형시킨 이유가 무엇인지 궁금해질 것이다.

2부에 소개된 이야기마다 간략하게 줄거리를 요약하였다. 물론 철학 탐험 시간에는 동화 전체를 읽어야 한다. 되도록 그림 형제나 샤를 페로, 안데르센의 원본을 꼭 찾아 읽어보기 바란다. 읽기 계획, 적정 연령, 그리고 탐구 주제와 그에 대한 토론 질문과 연계 활동들도 함께 소개할 것이다.

소개된 탐구 주제마다 여러분이 먼저 그 개념에 대해 성찰할 수 있도록 안내하였다. 그 주제나 개념에 대한 여러분의 '철학적 눈과 귀'를 돕기 위해서이다. 물론 나름의 철학적 탐구를 위해 여러분 스스로 다른 주제를 선정할 수 있다. 탐구 주제에 대한 간단한 소개가 끝나면, 철학적 대화를 이끌 토론 질문이 바로 이어진다. 탐구를 알차게 하기 위한 연계 활동이나 프로젝트가 추가되기도 한다.

모든 탐구 주제나 토론 질문이 철학적이지는 않다. 어린이와 청소년들이 중요한 문제나 개념에 대해 숙고할 수 있도록, 다양한 자료를 조사하고 나누기도 한다. 예를 들면 동물이나 역사에 대한 조사 활동 등이다. 이를 통해 참여자들은 관련 주제를 좀 더 깊이 이해하면서, 주어진 철학적 주제에 얽매이지 않고 탐구를 확장할 수 있다. 물론 이러한 조사 활동이 아이들의 관심이나 흥미에 따라 철학적 탐구로 이어질 수도 있다. 그러나 여기에 소개된 대부분의 활동은 참가자들의 철학적 탐구를 자극하고 격려하도록 고안하였다.

그렇다고 제안된 주제에 구애받거나 참여자들에게 강요하지 않기를 바란다. 최고의 대화는 어린이나 청소년이 만든 질문과 아이디어에서 나온다. 어떤 경우에도 소개된 탐구 주제와 토론 질문, 연계 활동을 워크북 메우듯이 해서는 안 된다. 고민해서 선택하라. 같은 주제를 가진 동화들이 많아서 탐구 주제가 반복적으로 다루어질 수 있다. 이를 통해 여러분이나 아이들은 중요한 문제나 개념은 반복적으로 숙고할 가치가 있다는 것을 깨닫게 될 것이다.

주의할 점: 반복하지만 동화는 아이들만의 것이 아니다. 어린이와 성인을 포함한 모든 연령에서 보편적인 주제와 중요한 질문들을 찾아낼 수 있다. 특히 어린이와 청소년들이 상상력 넘치는 독서를 통해 철학적 질문들을 만나고, 그에 대해 진지하게 생각하면서 탐구할 수 있도록 격려해야 한다. 지금까지 1부에 소개된 여러 안내가 여러분의 철학적 대화를 발전시키는 데 도움을 줄 것이다.

마지막으로, 각 동화의 첫 페이지에 해당 이야기의 사건이나 아이디어를 상징하는 이미지를 실었다. 여러분의 자녀나 학생들에게 그 이미지를 '해석'하고 자신만의 이미지를 만들어 보도록 격려하라.

제2부

동화 속 철학 탐험

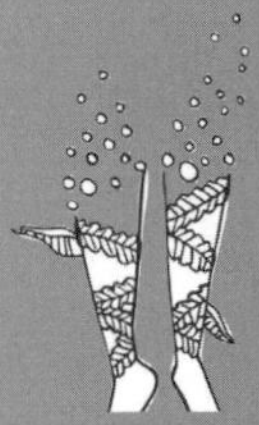

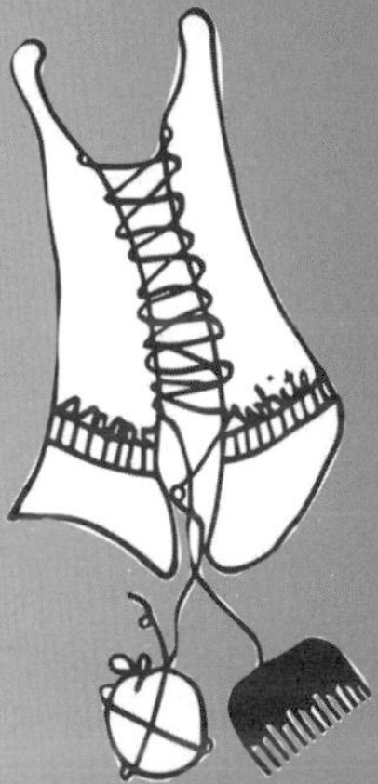

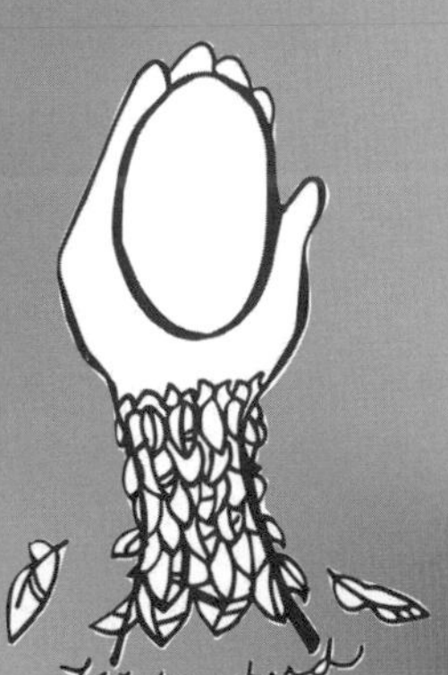

1장

개구리 왕자, 혹은 철의 하인리히

이 동화에는 여러 판본이 있는데, 여기서 소개하는 이야기는 잭 자이프스가 편집한 그림 형제 모음집에 수록되어 있다. 이 〈개구리 왕자, 혹은 철의 하인리히〉는 행복한 결말을 맞이하는 이야기이다. 그러면서도 호기심을 자극할 뿐만 아니라, 다소 혼란스러운 감정마저 느끼게 하는 반전을 보여준다. 여러분은 등장인물들의 동기와 행동에 대한 의문으로 인해 잠시 멈춰 생각해 보도록 만드는 여러 장면들과 만나게 될 것이다.

줄거리

왕의 아름다운 막내 공주는 숲에 놀러 갔다가, 샘 근처에 있는 오래된 나무 옆에 앉았다. 공주는 황금 공을 공중에 던지고 잡으며 놀다가, 그만 놓쳐버리는 바람에 공을 물속에 떨어뜨리고 만다. 좋아하는 장난감을 잃어버린 공주는 흐느껴 울기 시작했다. 그 순간, 무슨 일인지 묻는 누군가의 목소리가 들려왔다. 주변을 두리번거리던 공주는 샘가에서 말하는 개구리를 발견한다. 공주는 개구리에게 자신이 가장 좋아하는 장난감을 잃어버렸다고 말한다. 개구리는 공주에게 장난감을 돌려주면, 자신에게는 무엇을 줄 수 있을지 묻는다. 공주는 드레스, 보석, 심지어 왕관까지 자신의 귀중한 물건들을 줄 수 있다고 말했다.

하지만 개구리는 공주의 남편이 되어, 공주의 접시에서 음식을 먹고, 공주의 컵에서 물을 마시고, 공주의 침대에서 함께 자고 싶다고 말한다. 말도 안 되는 헛소리라고 생각하면서도, 개구리의 제안을 받아들이고 공을 되찾는다.

다음 날 공주가 왕과 함께 저녁 식사를 하고 있을 때, 누군가가 문을 두드리는 소리가 들렸다. 문을 연 공주는 역겨운 개구리와 마주치자마자 문을 쾅 닫아버린다. 딸이 왜 화가 났는지 궁금해하는 왕에게, 공주는 어제 일어난 일에 대해 이야기한다. 왕은 약속은 약속이니, 공주에게 개구리를 들여보내 주라고 말했다. 개구리가 함께 식탁에 앉아 접시에 담긴 음식을 먹고 컵에 담긴 물을 마시겠다고 요구했을 때, 공주의 기분을 상상해 보자! 개구리를 자신의 방으로 데려가기를 주저하는 공주를 향해, 아버지는 "너는 너를 도와준 이에게 빚을 진 거란다."라는 말을 상기시키며 개구리를 데려가도록 한다.

공주는 지저분한 개구리를 방구석에 두려고 했다. 하지만 개구리는 자신을 공주의 침대에 올려놓으라고 요구하면서 그러지 않으면 왕에게 이르겠다고 협박한다. 역겹기도 하고, 이제 충분히 참을 만큼 참았다고 생각한 공주는 개구리를 집어 벽에 던져 버린다. 그 순간 짠! 하고 마법이 일어난다. 개구리가 잘생긴 젊은 왕자로 변신한 것이다. 왕자는 마녀에 의해 개구리가 되었던 것이고, 오직 공주만이 왕자를 구할 수 있던 거였다. 사실을 알게 된 공주의 마음은 완전히 바뀌게 된다.

다음 날 결혼식을 올린 공주와 왕자는 함께 멋진 마차를 타고 길을 떠난다. 이야기는 마차 뒤편에 앉은 왕자의 충실한 시종인 하인리히가 주인의 해방에 한껏 행복한 심경을 표현하는 장면에서 끝난다. 하인리히는 왕자가 못된 마녀에 의해서 개구리로 변했을 때, 자신의 가슴이 아픔으로 찢어지는 것을 막으려고 가슴을 쇠줄로 묶어두었는데, 이제 쇠줄에서 해방된 것이다. 하인리히에 대한 이 부분은 사족처럼 보이기도 한다. 우리는 여기에 대해서 생각해 볼 필요가 있다.

적정 연령: 초등학생부터 고등학생까지

동화는 모든 연령의 사람들이 즐길 수 있다는 점을 다시 상기해보자. 참여자가 동화를 '아기들이나 읽는 이야기'로 여긴다면 이야기를 다시 한번 들여다보면서, 그 속에 자신의 경험이나 흥미와 연결되는 점은 없는지 살펴보도록 안내하자.

읽기 계획

이야기를 큰 소리로 읽어 주거나, 어린이 또는 청소년과 함께 읽어보자. 이야기를 읽다가 잠시 멈춰서, 참여자들의 반응이나 의견, 혹은 질문을 받아보자. 읽는 동안 계속 참여자들이 웃거나 의아해하거나 놀란 듯한 표정을 짓는 등, 이야기에 반응하는 모습을 관찰해보자. 무엇이 흥미로웠는지, 무엇이 이상한지 물어보자.

우리는 철학적 성찰을 이끌어 내는 좋은 자극제가 될만한 주제에 주의를 기울여야 한다. 아래에서는 사람들이 제기할 수 있을 법한 몇 가지 주제와 질문, 그리고 그 의미를 '풀어'내는 방법을 소개하고 있다. 참여자들이 다른 주제나 질문을 제기한다고 해서 당황할 필요는 없다.

또한 여기서 제시하는 주제를 모두 다루어야 한다고 생각해서도 안 된다. 이 주제와 질문들은 단순한 제안으로, 동화 속에서 핵심 아이디어를 파악할 수 있는 여러분의 '철학적 귀'를 열어주는 데 도움을 주려는 것뿐이다.

탐구 주제

[아름다움]

우리는 동화 속에서 얼마나 자주 아름다움에 대한 내용을 읽고 있는 걸까? 주인공인 공주는 항상 미인이며, 공주의 '매력적인 왕자' 역시 늘 젊고 잘생긴 청년이다. "아름다움의 깊이는 피부 두께만큼일 뿐이다."라는 말을 알면서도, 우리는 아름다운 사람과 사물에게서 매력을 느낀다. 다양한 관점에서, 아름다움은 심오한 의미를 지니고 있다. 늘 그렇지는 않지만, 대부분의 동화에서 아름다움과 미덕은 함께하는 것처럼 보인다. 물론 사악한 계모가 아름답지만 잔인한 존재로 묘사되는 이야기들도 있다. 이 동화에서 공주는 빼어난 아름다움을 가지고 있다고 언급된다. 하지만 공주의 행동도 그에 맞게 아름다운가? 이렇게 대비되는 내용에 대하여 아이들과 토론하기 전에, 먼저 아름다움의 의미에 대해 생각해 보도록 초대하자.

* 토론 질문

1. 아름답다고 말할 수 있는 사람을 예로 들어봅시다. 우리가 누군가를 아름답다고 말할 때, 그 이유는 무엇인가요? 여러분이 생각하기에 아름다움이 지녀야 할 '아름다움'의 기준들을 나열해 봅시다.
2. 무엇이든 아름다울 수 있나요? 아름다운 진흙? 아름다운 태풍? 아름다운 개구리?
3. 아름다워지는 일은 중요한가요? 왜 그렇게 생각하나요?
4. 아름답지만 못된 사람일 수 있나요?
5. 정말 못생겼지만 좋은 사람일 수 있나요?
6. 우리가 보는 것, 듣는 것, 냄새 맡고 만지고 느끼는 것에 따라 아름다움을 어떻게 다르게 표현할 수 있나요?
7. 착하다(좋다)와 아름답다는 같을까요? 왜, 또는 왜 그렇지 않나요?
8. "아름다움은 피부 깊이만큼일 뿐이다."라는 말이 있습니다. 이 말의 의미가 무엇이라고 생각하나요? 이 말에 동의하나요? 왜 또는 왜 그렇지 않나요?
9. 내가 무언가가 아름답다고 주장하는 것이 틀릴 수도 있나요? 왜, 또는 왜 그렇지 않나요?

*10. 아름다움에 객관적인 기준이 있을까요?

✱ 연계 활동

1. 아름다운 공주나 왕자의 모습을 그림으로 그리거나 글로 써보세요. 그리고 자신의 그림이나 글을 서로 공유하고, 함께 어떠한 공통점이 있는지 비교해 봅시다.
2. 우리는 아름다움을 주로 시각적으로 파악합니다. 하지만 청각, 후각, 촉각과 같은 다른 감각들을 통해서도 아름다움을 느낄 수 있지요. 그 예를 들어봅시다. 예시가 될 수 있는 물건을 가져와서 전시하고, 그에 대해 함께 토론해봅시다.

[개구리]

양서류인 개구리는 세계 각지에서 발견된다. 올챙이로 태어나고 자라서 우리가 잘 알고 있는 개구리의 형태로 변하는 많은 종이 있다. 개구리의 존재 유무는 과학자들에게 지역 환경의 건강한 정도를 파악하는 데 중요한 생태학적 지표가 된다. 이 이야기에는 공주와 거래하는 개구리가 등장한다. 그런데 이야기의 말미에서 진짜 개구리가 아니라 마녀의 마법에 걸린 왕자였다는 사실이 밝혀진다. 개구리에 대한 생각이 특별히 철학적이지 않을 수 있지만, 이렇게 생명체에 대한 생각을 나누는 것은 우리를 깊이 있는 사고로 이끌어준다.

* 토론 질문

1. 개구리는 좋은 반려동물이 될 수 있나요? 왜, 또는 왜 그렇지 않나요?
2. 어떤 사람들은 이야기 속 공주처럼, 개구리를 역겹다고 생각합니다. 개구리를 싫어하는 사람들은 자신들의 주장을 정당화하기 위해 개구리의 어떤 특성을 제시할까요?
3. 개구리가 아름다워질 수 있나요? 이 경우, 무엇이 개구리를 아름답도록 만들까요?
4. 무엇이 개구리를 착한(좋은) 개구리가 되도록 하나요? 아니면 나쁜 개구리로 만드는 게 있다면, 무엇인가요?
5. 이야기에서 개구리는 공주와 소통하기 위해 인간의 언어를 사용합니다. 개구리가 우리의 언어를 말하지 않고서도 우리와 소통할 수 있나요? 왜 가능한가요? 왜 가능하지 않을까요?
6. 우리는 인간이 보는 세상과 개구리나 다른 동물들이 보는 세상이 얼마나 다른지 제대로 이해할 수 있을까요? 어떻게 이해할 수 있을까요? 혹은 왜 그럴 수 없을까요?
7. 우리는 개구리를 돌보아야 하나요? 왜, 또는 왜 그렇지 않나요?

✱ 연계 활동

1. 다음 표를 채운 뒤, 개구리와 인간에 대해서 무엇을 배울 수 있을지 토론해 봅시다. 함께 개구리와 인간을 비교할 수 있는 여러 가지 방법을 다음 표에 적어보세요.

종류	개구리	인간
크기		
냄새		
피부		
소리		
의사소통		
발달		
지역 사회에서의 역할		
기대 수명		

2. 동화에서 동물이 말하는 경우는 매우 흔한 일입니다. 동물이 주인공으로 나오는 좋아하는 책을 가져와 봅시다. 그리고 자신이 가져온 이야기를 간단히 소개하고, 아래 두 가지 질문에 답해봅시다.
   1) 등장하는 동물은 동물의 특성 그대로 묘사되나요, 아니면 인간과 더 비슷하게 묘사되나요?
   2) 왜 작가는 동물을 그런 방식으로 묘사했을까요?

[약속하기]

이 동화의 중요한 요소 중 하나는 약속 지키기로, 심지어 지키고 싶지 않아도 약속을 지켜야 한다고 말하고 있다. 약속을 지키는 일이 좋은 사람이 되기 위한 중요한 기준이 되는 이유는 무엇일까? 우리는 보통 약속을 지키는 일이 신실함을 나타내는 신뢰라고 여기며, 약속을 어기는 것은 비윤리적이라고 여긴다. 하지만 모든 약속을 반드시 지켜야 하는가?

지키는 것이 오히려 옳지 않은 약속도 있을까? 이야기에서 왕은 딸이 약속을 지키도록 하지만, 과연 그 일이 딸에게 공정한가? 공주가 개구리에게 한 약속은 좋은 약속일까? 아니면 약속을 할 때 신중해야 한다는 것을 강력하게 보여주는 이야기일까?

* 토론 질문

1. 약속이란 무엇인가요?
2. 보편적으로 약속을 지키는 일을 중요하게 여기는 이유는 무엇인가요?
3. 약속을 할 때, 약속을 지키거나 어겼을 때 발생하는 결과에 대해 생각해야 하나요?
4. 약속을 할 때, 그 의도에 대해 생각하거나 결과에 대해 걱정하지 않아도 될까요?
5. 모든 약속은 말로 해야 하나요? 아무 말도 하지 않고 약속을 할 수 있나요?

6. 약속을 지키지 않을 것 같은데도 불구하고 약속을 했다면, 거짓말을 한 걸까요? 아니면 처음부터 약속을 말아야 했을까요?
7. 약속의 의미가 약속을 하는 사람에 따라 전혀 달라지나요? 예를 들어 부모님, 가장 친한 친구, 선생님, 코치, 법정의 판사, 상점의 점원 등과 약속을 한다면 어떤 차이점이 있는지 설명해 보세요.
8. 약속은 제시되는 요구 조건에 따라 달라지나요?
9. 약속을 하면서 처음에 요구했던 조건이 본질적으로 잘못된 것일 수 있나요? 그렇다면 어떻게 그럴 수 있는 걸까요?
10. 동물이나 무생물에게 약속을 할 수 있나요? 가능하다면 그 이유는 무엇인가요?
11. 상황이 변하면 약속을 어겨도 괜찮나요?

✱ 연계 활동

1. 다음 예시 약속에 '지키면 좋다', '지키면 나쁘다', '잘 모르겠다'로 표시하세요. 모둠에게 다른 시범 사례를 생각해 보도록 해봅시다.

약속	지키면 좋다	지키면 나쁘다	잘 모르겠다: 이유를 설명하기
나는 엄마에게 내 몫의 집안일을 하기로 약속합니다.			
나는 코치에게 제시간에 연습하기로 약속합니다.			

나는 나 자신에게 3주 안에 3kg를 감량하기로 약속합니다.			
나는 선생님께 시험에서 부정행위를 하지 않기로 약속합니다.			
나는 친구에게 담배 피우는 것을 고발하지 않기로 약속합니다.			
나는 개에게 매일 산책시켜 주기로 약속합니다.			
나는 가장 친한 친구에게 부정행위하는 것을 고발하지 않기로 약속합니다.			

2. 우리 공동체에 필요한 약속을 제안해봅시다. 큰 종이나 칠판에 약속을 요청한 사람과 약속을 지키기로 한 사람을 적고 둘 사이의 약속이 성립하도록 하는 기준이 무엇인지 간단하게 써 봅시다. 그리고 약속을 다음과 같은 범주로 분류해봅시다.

- 좋은 약속/나쁜 약속/중립적인 약속
- 간단한 약속부터 중요한 약속까지 약속에 대한 등급
- 약속을 요청하는 주체/약속을 하는 주체
- 사람들 사이의 관계 정도

[교환]

이 이야기에서 개구리는 공주에게 상호교환을 요구한다. 개구리는 공주가 자신과 함께 먹고, 마시고, 자는 것을 허락한다면 공주의 황금 공을 되찾아 오겠다고 한다. 우리는 종종 교환 거래에 참여한다. 우리는 거래를 약속할 수도 있고, 하지 않을 수도 있다. 하지만 여기서는 거래의 교환, 공정성, 정의라는 개념에 초점을 맞추어 보자.

공주는 깊은 샘에 뛰어들어 공을 되찾을 능력이 없었지만 개구리에게는 비교적 쉬운 일이었다. 이 교환은 공정한 것일까?

우리가 상품과 서비스를 교환할 때는 두 가지 모델이 작동한다:

- 평등 모델: 만 원을 지불하고 만 원의 가치를 가진 인형을 얻는다.
- 욕구/필요의 모델: 인형의 시장 가격은 만 원이지만 현재 시장에서 가치가 높고 품절되어서 또는 새로운 배송을 기다리기 싫어서 10만 원을 지불한다.

칸트는 이성적 존재(인간)를 제외한 우리가 경험하는 모든 물건에는 시장 가치 또는 '상징 가치', 즉 시장과 욕망에 의해 결정되는 가치가 있다고 주장하면서, 이 차이를 설명한다. 칸트에 따르면 물건에는 가격표가 있지만 인간은 물건처럼 측정할 수 있는 존재가 아니다. 인간은 자유로운 존재로서 존엄성을 지니고 있다. 이는 인간을 다른 가치의 무언가로 교환할 수 없다는 의미이다.

토론 질문

1. 개구리는 공주의 황금 공을 되찾기 위해 공주에게 공정한 교환을 제안했나요? 왜, 혹은 왜 하지 않았나요?
2. 공주의 장난감은 평범한 고무공이 아니라 특별한 황금 공이었습니다. 매우 귀중한 물건이라는 점이 공주를 향한 개구리의 요청에 영향을 미쳤을까요?
3. 개구리는 공주가 제공한다고 했던 물건이나 소지품을 요구하지 않고 우정을 원했습니다. 친구를 얻기 위한 거래가 가능할까요?
4. 교환에는 어떤 것들이 있을까요? (몇 가지 예: 도시락 바꾸기, 옷 교환하기, 장난감 사기, 식사 구매하기)
5. 교환을 할 때 포함시켜서는 안되는 물건이나 행동이 있나요? 예를 들어, 누군가가 충분한 돈을 받고서 자신의 자유를 교환해도 괜찮을까요?

＊ 연계 활동

1. 개구리와 공주가 할 수 있었던 다른 교환에는 무엇이 있을까요? 예를 들어, 개구리는 공주에게 "내게 황금 공을 찾아오라고 부탁하고 싶다면, 당신은 나에게 ______을(를) 주어야 합니다."라고 말할 수 있을 겁니다. 여러 가지 의견을 생각해보고 나누어 봅시다. 그리고 어떤 의견이 가장 좋았는지, 그 이유는 무엇인지 함께 토론해 봅시다.

2. 종종 우리는 사물에 금전적 가치를 부여하기도 하고, 정서적 가치를 부여하기도 합니다. 다른 사람과 짝을 지어 다음 표에서 어떤 것이 적절해 보이는지 선택하고, 그 이유에 대해 토론해 봅시다:

교환이나 거래 예시	공정한 교환	불공정한 교환	확실하지 않음	선택에 대한 이유 대기
숙제 도움으로 초코바 한 개				
집안일 대가로 돈				
데이트 대가로 키스				
따귀 한 대 대가로 따귀 한 대				
반나절 일한 대가로 하루치 급여				
사과 한 개로 사탕 한 개				
여러분만의 예시문장을 만들어보세요 …				

[마음 바꾸기]

공주가 개구리를 벽에 던져 개구리가 왕자로 변한 후, 공주는 마음을 바꾸었는가? 종종 우리는 한 가지의 선택지만 주어졌을 때는 '아니요'라고 말하지만, 선택지가 변경되면 교환이나 요청에 응하기도 한다. 마음을 바꾸는 것은 나약함의 표시일까, 일관성 없이 자신의 입장을 고수하지 않는 의미일까? 아니면 마음을 바꾸는 것은 정당하며 심지어 칭찬받을 수도 있는 걸까? 우리는 언제 자신의 마음을 바꿔야만 하고, 언제 바꾸지 말아야 하는 것일까?

* 토론 질문

1. 공주는 개구리가 왕자로 변했을 때 개구리에 대한 마음을 바꿨나요? 왜, 또는 왜 그러지 않았나요? 공주의 변화를 칭찬해야 할까요?
2. 마음을 바꾸는 사람의 특징은 무엇인가요? 그 사람의 이유는 무엇이었나요? 마음을 바꾸는 행동을 좋은 행동으로 볼 수 있나요?
3. 마음을 바꿨을 때 이것이 좋은 행동이 아니라는 신호가 될 만한 특징이나 이유가 있나요?
4. 우리가 사실이라고 알고 있는 것에 대한 마음을 바꿀 수 있나요? 왜, 또는 왜 안 되나요?
5. 마음을 바꾸어도 여전히 이전과 같은 방식으로 행동하거나 똑같이 일할 수 있나요?
6. 마음을 바꾸는 일은 거짓말을 하는 것과 같을까요? 왜 또는 왜 그렇지 않나요?
7. 개구리는 공주에 대한 마음을 바꾸었어야 했나요? 왜 또는 왜 그렇지 않나요?

✱ 활동

1. 다음 표를 작성하고 그 결과를 다른 사람들과 나누고 토론해보세요. 자신만의 사례를 만들어 토론해도 좋습니다.

예시	변화의 좋은 이유	변화의 나쁜 이유	각각 설명해 보기
파티에 가지 않으려고 했는데, 마음을 바꾸고 참석하기로 결정했습니다.			
엄마에게 다섯 시에 집에 올 거라고 말했지만, 그 후 여섯 시에 집에 오기로 결정했습니다.			
친구에게 숙제를 빌려주겠다고 했지만, 그 후에 그렇게 하지 않았습니다.			
팀은 피터에게 함께 공놀이를 하기로 했지만, 그 후에 마음을 바꾸고 나타나지 않았습니다.			

[충실함]

이 동화에 등장하는 '철의 하인리히'는 주인이 개구리로 변했을 때 너무 슬퍼서 심장이 터지지 않도록, 자신의 심장을 쇠로 묶어 놓은 인물이다. 주인이 돌아왔을 때 쇠사슬이 부서지며 하인리히는 기쁨을 느낀다. 충실함은 충성심과 연결되어 있는 중요한 덕목이다.

처음 이야기를 읽으면, 왕자와 새 신부가 웅장한 마차를 타고 성으로 떠나는 이 결말 부분이 다소 이상하게 느껴진다. 하지만 여기에는 중요한 메시지가 담겨 있을지도 모른다. 충실함이 이 이야기를 관통하는 주제일 수도 있다. 공주는 약속을 충실히 이행하는가? 개구리는 자신이 응한 거래에 충실한가? 왕은 공주가 약속을 충실히 이행하는 것을 바라고 있는가?

✱ 토론 질문

1. 이 이야기에서 가장 충실한 인물은 누구일까요? 그리고 누가 가장 충실하지 않나요?
2. 다음에 대해 충실하다는 것은 무엇을 의미하나요?

   1) 사람,
   2) 약속,
   3) 자기 자신,
   4) 자신이 믿는 것,
   5) 반려동물,
   6) 정원, 또는
   7) 낯선 사람.

3. 거짓말을 하면서도 충실할 수 있나요? 진실을 말하면서 충실하지 않을 수 있나요?

4. 공주는 자신의 경험을 통해 더 충실해지는 방법을 배웠을까요? '그렇다' 혹은 '아니다'라고 대답한 이유는 무엇인가요?

[보상]

우리는 이 이야기의 전체에 걸쳐 등장인물들이 자신의 행동에 대해 보상을 받거나 벌을 받는 장면을 볼 수 있다. 개구리는 공주의 공을 구해준 대가로 보상을 받고, 공주는 처음에는 약속을 어겨 벌을 받았지만 약속을 지킨 대가로 보상을 받는다. 우리는 종종 보상이나 벌을 받아 마땅한 경우에 놓일 때도 있고, 그렇지 않을 때도 있다. 이 이야기에서 진짜 질문은 공주가 잘생긴 왕자와 부유한 삶이라는 보상을 받을 자격이 있느냐는 것이다. 다음과 같은 질문을 통해 청소년들이 이 이야기의 혼란스러운 결말에 직면하도록 유도하자.

* 토론 질문

1. 공주는 좋은 사람인가요? 그렇지 않은 이유는 무엇인가요?
2. 공주는 행복한 결말을 맞이할 자격이 있나요?
3. 공주가 개구리에게 한 일을 고려해도, 왕자는 아름다운 공주와 행복해질 수 있을까요?
4. 이 이야기의 끝에서 여러분은 어떤 질문이 떠올랐나요?

✱ 참고 자료

On frogs: https://defenders.org/frogs/basic-facts

Tatar, Maria (ed.), The Annotated Brothers Grimm. New York: W.W. Norton & Company, 2014.

〈주석 달린 안데르센 동화집〉, 이나경 옮김, 현대문학(2011).

이 책은 독자들을 위한 삽화와 여백 해설이 포함된 그림 형제 동화 모음집이다. 이 동화의 해석에 대한 자세한 정보를 원한다면 이 책을 참고하라.

Zipes, Jack, The Original Folk and Fairy Tales of the Brothers Grimm. Princeton, NJ: Princeton University Press, 2014.

자이프스의 이 판본에는 생소한 이야기와 일화가 많이 포함되어 있다. 초판본에 실린 자이프스의 작품 중 상당수는 폭력적이고 선정적인 성적 의미를 담고 있었지만, 이후 그림 형제의 판본에서는 이야기 속 일부 사건을 바꾸어 더 '어린이 친화적'으로 만들었다.

2장

라푼젤

줄거리

〈라푼젤〉 이야기는 우리에게 무척 친숙하며 여러 판본으로 전해지고 있다. 어떤 이야기에서는 라푼젤이 임기응변이 뛰어나고 어른을 뛰어넘는 똑똑한 아이로 묘사되기도 하며, 또 어떤 이야기에서는 그림 형제 판본과 달리 결말이 안 좋게 끝나기도 한다. 그림 형제 판본에서는 한 남자가 그의 임신한 아내와 함께 곧 태어날 아이를 기다리는 장면으로 이야기가 시작된다. 어느 날 집 뒤쪽의 창문 너머를 응시하던 아내는 요정의 아름다운 정원을 보게 된다. 사실 요정은 마녀였는데, 아내는 마녀의 정원에서 자라는 양배추의 일종인 라푼젤을 먹고 싶어 한다. 아내가 남편에게 라푼젤을 구해 달라고 하자, 남편은 정원에 숨어 들어가 양배추를 훔친다. 아내는 매우 기뻐하며 양배추를 먹는다.

아내는 계속해서 남편에게 라푼젤을 더 구해달라고 요청한다. 처음에 남편은 망설인다. 무단침입해서 양배추를 훔쳐 오는 게 꺼림칙한 것이다. 그러나 아내는 끈질겼고 결국 병까지 나버린다. 남편은 아내를 향한 사랑에 무릎을 꿇는다. 그런데 이번에는 훔치지 않고 마녀에게 달려간다. 그렇지 않아도 마녀는 도둑질을 당해 기분이 좋지 않은 상태였다. 남편은 아내가 아이를 가졌으며 라푼젤을 먹지 못해 몸이 쇠약해진 상태라고 말한다. 그 말을 들은 마녀는 노여움을 누그러뜨렸지만, 대신 그에게 곧 태어날 아기를 달라고 요구한다. 아내의 건강을 위해 필사적이던 남편은 마녀의 요구에 응하고 만다.

기이하게도, 아이가 태어나자 부모는 곧바로 마녀에게 아이를 넘겨준다. 이야기 속에서 부모는 더 이상 등장하지 않는다. 마녀는 재빠르게 아이를 가져갔는데, 아이가 12살이 되자 문은 없고 오로지 창문뿐인 높은 탑에 놓아둔다. 작은 소녀 라푼젤은 인기척이라고는 전혀 없는 탑에 갇히게 된다. 어느 날 왕자가 창가에 앉은 라푼젤을 우연히 발견하고 그만 반해버린다. 그러나 탑으로 들어갈 길을 찾지 못했던 왕자는 탑을 떠났다가 돌아오기를 매일 반복한다.

그러던 어느 날, 왕자는 마녀가 "라푼젤, 라푼젤. 머리를 내려다오!"라고 외치는 모습을 훔쳐본다. 그러자 예쁘게 땋은 두 갈래 금발 머리카락이 창에서 내려와 땅에 닿았다. 마녀는 머리카락을 타고 올라갔다. 마녀가 떠나자, 왕자는 때를 기다리다 마녀와 똑같은 말을 외친다. 땋은 머리카락이 내려오자 왕자는 머리카락을 타고 올라갔다. 이야기에는 자세한 묘사가 부족하지만, 처음에 낯선 남자를 보고 놀라던 라푼젤이 결국에는 왕자의 방문을 즐기게 되었다는 점을 알 수 있다. 이 말이 무슨 뜻인지 쉽게 눈치챌 수 있을 것이다.

이 이야기는 그림 형제 동화의 초판본에 수록되어 있다. 라푼젤이 마녀에게 옷이 꽉 낀다고 말하는 순간 마녀는 라푼젤의 배신을 알아차린다. 개정판에서는 라푼젤이 왕자보다 마녀가 더 무겁다고 생각 없이 말하는 것으로 바뀌었다. 라푼젤의 임신을 독자들에게 은밀히 감추기 위한 것일 수 있다. 1800년대 후반의 평범한 가족 동화에서 벌어질 만한 사건이 아니긴 하다. 물론, 라푼젤의 임신 이후 벌어지는 사건은 두 판본 모두, 우리에게 매우 친숙하다.

마녀는 격노해서 라푼젤의 땋은 머리카락을 잘라버리고 그녀를 탑에서 추방한다. 왕자가 탑으로 돌아왔을 때 땋은 머리카락이 내려왔지만, 그가 창문에 도착해서 발견한 이는 라푼젤이 아니라 분노한 마녀였다. 마녀는 두 번 다시 사랑하는 라푼젤을 못 보게 될 것이라고 예언한다. 왕자는 절망에 빠져 창밖으로 몸을 던졌고 눈까지 멀어버린다. 왕자는 숲을 떠돌다가 가축우리 같은 집에 도착한다. 그곳은 라푼젤이 쌍둥이를 기르며 사는 집이었다. 라푼젤이 왕자를 알아보고 기쁨의 눈물을 흘리자, 그 눈물이 기적처럼 왕자의 눈을 치료한다. 둘은 행복하게 잘 살았다.

적정 연령

이 이야기는 연령을 막론하고 쉽게 읽을 수 있다. 어린이에게 〈라푼젤〉은 꽁꽁 숨겨져 있던 한 아름다운 소녀가 왕자를 만나, 여러 어려움을 겪은 후에 결국 다시 결합해 행복하게 사는 이야기로 보일 것이다. 하지만 〈라푼젤〉에 대한 비평에서는 이야기에 숨겨진 성적 의미가 강조된다. 태어나자마자 버림받은 어린아이가, 사춘기에 몸을 감추고 욕망에 찬 남성으로부터 보호되는 것이다. 이야기는 남성이 탑에 올라 라푼젤을 임신시키는 것으로 이어진다. 결국 라푼젤은 벌을 받아 쫓겨나는데, 성적으로 그녀의 보호자를 배신했다는 이유에서다. 또한 이야기 속에서는 아이 교환이라는 충격적인 주제가 등장한다. 청소년과 성인이라면 이러한 광범위한 사회문제에 관해 토론해보고 싶어 할 수 있다.

읽기 계획

〈라푼젤〉은 5살 아이가 읽기엔 좀 무섭고 야한 이야기일 수 있다. 하지만 아이들은 분명히 마녀, 탑, 행복한 결말에 매력을 느낄 것이다. 다양한 판본이 있으므로, 여러 판본을 읽어보고 아이들에게 가장 매력적이면서 읽기 적합하다고 여겨지는 것을 선택하라.

어떤 판본을 선택하든, 청소년은 좀 더 수준 높은 주제에 관심을 꽤 보일 것이다. 여자아이와 남자아이에게 적용되는 자유의 이중잣대, 속임수와 도둑질에 관한 의문, 여성에게 가해지는 사회적 통제와 같은 문제적 메시지에 대해서 말이다.

각 주제별 토론 질문은 이 이야기를 매우 다양한 관점에서 볼 수 있다는 점을 고려해 구성되었으며, 어린이나 청소년이 이끄는 대로 이야기에 참여할 수 있도록 조정되었다. 보통 동화를 "애들이나 보는 것"으로 깎아내리지만, 어른에게도 흥미 있는 토론거리가 제공된다.

디즈니사의 영화를 보는 것도 좋다. 디즈니 버전 〈라푼젤〉은 동화의 기본 구조를 따르면서도 완전히 다른 방향으로 뒤틀었다. 만약 청소년을 가르친다면, 동화 원본과 영화의 서사구조를 비교해보는 것도 흥미롭고 생산적인 활동일 것이다. 챕터 마지막에 관련 활동을 수록해두었다.

탐구 주제

[도둑질]

등장인물들은 종종 탐욕이나 욕망에 휩싸여 뭔가를 훔친다. 다른 동화에서도 마찬가지다. 〈라푼젤〉의 경우, 남편은 아내를 위해 양배추를 훔쳤다. 사랑하는 아내의 건강을 염려해서 말이다. 양배추를 욕망했던 아내가 이 모든 불행한 사건의 연속을 부추겼다는 점에 주목할 필요가 있다. 흥미로운 점은, 이야기 속에서 이 부부에게 음식이 부족했다는 서술은 없었다는 것이다. 그러니 부부의 행동은 생존을 위한 기본 욕구를 충족하려는 상황이 아니다.

아마 〈라푼젤〉을 읽는 독자 대다수가 하필이면 라푼젤 같은 야채를 훔치는 이유를 납득 못 할지도 모르겠다. 임신했을 때 특정 음식에 구미가 당기는 것은 흔히 있는 일이다. 이야기 속 아내는 라푼젤이 없으면 죽을지도 모른다고 남편을 설득하고, 그런 아내를 사랑하는 남편은 아내가 건강을 잃을까 두려워 옆집 정원으로 숨어 들어가 도둑질을 한다. 그렇다면, 남편에겐 도둑질을 할 만한 이유가 충분히 갖춰졌는가? 그가 오로지 양배추만 훔쳤다는 사실이 우리의 판단에 영향을 끼칠까?

다른 동화에서도 도둑질이라는 주제를 제안했을 정도로 동화 속에선 도둑질이 흔하게 등장하지만, 〈라푼젤〉에서는 다른 방향으로 토론이 진행될 것이다.

＊ 토론 질문

1. 이 이야기에서, 남편은 마녀의 정원에서 양배추를 훔칩니다. 일반적으로 도둑질은 잘못된 건가요?
2. 만약 라푼젤을 따면 다시 자란다고 가정해봅시다. 그래도 여전히 도둑질인가요?
3. 만약 마녀가 양배추를 싫어한다면, 그래도 여전히 도둑질인가요?
4. 만약 도둑질이 나쁘다고 생각한다면, 왜 그렇게 생각하나요? 두 가지 이유를 대 봅시다.
5. 도둑질을 할 만한 합리적 이유가 있을까요? 있다면 무엇일까요? 예를 들면, 죽어가는 아내를 살리기 위해 약을 훔치는 남자를 생각해봅시다. 그에게는 돈이 없습니다. 이 경우에도 도둑질은 여전히 도둑질인가요?
6. 도둑질이 상대방을 무시하는 신호가 될 수 있을까요? 그렇게 답변한 이유를 설명해보세요.

＊ 연계 활동: 연극 만들기

모둠을 지어서 한 사람이 도둑질로 인해 재판대에 오른 남편 역할을 하고, 다른 사람들은 마녀 역할, 아내 역할, 재판장 역할을 맡아 봅시다. 교실에 있는 나머지 학생들은 배심원이 됩니다. 재판을 시행하여 각 등장인물이 자기 관점에서 상황을 설명하도록 해 봅시다. 최종적으로 내린 결론은 무엇이었나요? 그 결론에 다른 사람들도 동의한다고 생각하나요? 이유를 말해보세요.

[타협]

이야기 속에서 마녀는 남편에게 양배추를 가져가도록 허락한다. 곧 태어날 아이를 자신에게 준다면 말이다. 마녀는 아이를 잘 돌볼 거라고 거듭 약속한다. 우리가 타인과 협상하는 이유는 상대를 깊이 이해했거나 갈등을 해결하기 위해서이다. 협상 당사자가 얻는 것이 있어 타협에 이르게 되지만, 타협은 동시에 원하는 것을 포기하는 일이기도 하다. 타협할 줄 아는 능력은 삶의 많은 부분에서 성공과 사회작용을 좌우한다. 다만 어떤 상황에서는 타협하기 싫을 수도 있다. 어떤 경우에 타협은 좋은 해결책이 되고, 어떤 경우엔 도덕적 실패가 되는가?

* 토론 질문

1. '타협'은 온당하게 서로 협의한다는 뜻입니다. 이 과정에서 서로 무언가를 하기로 약속하거나 무언가를 포기하기도 합니다. 마녀와 남편은 어떻게 '타협'을 했나요?
2. 타협이 어떻게 갈등이나 의견충돌을 해결로 이끌 수 있나요?
3. 타협해서 좋은 결과를 이끌어 낸 상황을 예로 들어볼 수 있을까요?
4. 타협이 잘못된 선택이었음을 보여주는 상황을 떠올릴 수 있나요?

5. 타협은 '항복', '굴복'과 같은가요?
6. 타협은 '포기'와 같은가요?
7. 타협의 기술을 발전시키는 것이 어떤 면에서 중요할까요? 타협의 기술을 발전시키는 것이 무엇을 의미할까요?

[머리카락의 힘]

이야기 속 라푼젤은 머리카락이 엄청 길어서 밧줄로 쓸 수 있었는데 마녀(보호자)뿐만 아니라 왕자도 이용 가능했다. 마녀는 라푼젤의 배신을 깨닫자 그녀의 머리카락을 잘라버린다. 왕자가 탑 위로 올라오는 것을 막기 위해, 또 라푼젤을 벌주기 위해 말이다.

머리카락은 역사적으로 중요한 문화적 기표 역할을 했다. 삼손은 데릴라가 그를 유혹해서 재운 다음 머리카락을 잘라버리자 약해진다. 유대교와 기독교 성경 모두 같은 내용이다. 삼손은 초인적인 힘을 잃어버렸다. 오늘날 우리는 머리카락을 힘과 연결시키지 않지만, 여전히 머리카락에 신경을 많이 쓴다. 헤어스타일을 연출하거나 그렇게 연출한 모습이 남에게 어떻게 보이는지에 관해서 말이다. 사람들은 건강해 보이기 위해 윤기가 흐르는 긴 머리카락을 갖고 싶어 하기도 한다.

동화 속 공주는 긴 머리카락의 소유자로 묘사되며, 어린 여자아이들은 할 수 있는 한 머리를 기르려고 애쓴다. 긴 머리카락은 아름다움과 여성성을 암시한다. 하지만 머리카락이 정말로 그렇게 중요한가? 겉모습이 지나치게 강조되는 것은 아닌가?

✱ 토론 질문

1. 왜 라푼젤의 머리는 그렇게 길까요? 이야기 속에서 라푼젤의 머리카락은 어떻게 묘사되고 있나요?
2. 보통 누가 긴 머리카락을 갖고 있나요? 머리카락이 길면 어떤 점이 좋은가요? 머리카락이 길어서 안 좋은 점도 있을까요?
3. 여자라면 머리가 모두 긴가요? 만약 아니라면, 머리를 길러야 할까요?
4. 남자가 머리를 길러도 될까요? 만약 된다면/안 된다면, 왜 그런가요?
5. 헤어스타일을 보고 그 사람이 어떤 사람인지 알 수 있나요? 알 수 있다면/아니라면, 왜 그런가요?
6. 만약 누군가 염색을 했다면, 우리를 속이는 걸까요?
7. 왜 사람들은 머리색을 바꾸거나 더 좋은 머릿결을 갖고 싶어 하는 걸까요?

[탑과 이중 잣대]

라푼젤은 문 없는 탑에 갇혀 있다. 라푼젤이 탑에 어떻게 들어갔는지 신경 쓸 필요는 없다. 탑은 풍부한 상징성을 띤다. 심리학자의 경우 보통 탑을 이렇게 해석한다. 어린 여자애들을 사회적 압력과 성 경험으로부터 보호하려는 관념으로 말이다. 라푼젤은 12살이 되자 탑으로 옮겨진다. 이때 12살은 사춘기에 접어드는 시절이다. 또한 포식자 같은 남성으로부터 여자애들을 지켜야 한다는 신호로 받아들여지기도 한다. DNA란 개념이 없는 문화권에서 친자확인은 어려운 일이고, 남성의 경우 자기 아내가 자신의 아이를 가졌는지 보장받고 싶어 한다. 반면에 왕자는 라푼젤과 똑같이 어린 나이인데도 그의 활동에 별다른 제한을 받지 않는다. 그가 원하는 곳이면 어디든 여행할 수 있다. 10대라면 가족 안에서도 유사한 상황이 벌어진다는 사실을 발견할 것이다. 남자아이가 여자아이보다 좀 더 자유로운 것이다. 만약 10대와 〈라푼젤〉로 토론한다면, 아이들은 남자와 여자의 자유에 이중 잣대가 적용되고 있다는 사실에 주목할 것이다.

✱ 토론 질문(청소년과 성인을 위한)

1. 왜 라푼젤이 12살이 되자 탑으로 옮겨졌다고 생각하나요?
2. 이 이야기 속에서 탑이 상징하는 바가 뭘까요?
3. 여자와 남자는 여행할 때 똑같은 자유를 누리나요? 맞다면/아니라면 왜 그런가요?
4. 여자와 남자가 밖을 돌아다닐 때 가해지는 제한에 있어서 문화가 어떤 영향을 미친다고 생각하나요?
5. 여성이 남성보다 외출을 자유롭게 못 하는 게 공정하다고 생각하나요? 그렇게 답변한 이유를 설명해보세요.
6. 남자아이보다 여자아이의 외출을 제한해야 할 합리적인 이유가 있나요?
7. 청소년이 스스로 할 수 있는 행동의 범위를 결정할 때 어떤 기준이 필요할까요?

✱ 연계 활동

아래 표에 등장하는 상황이 공평한지 아닌지 토론해보고 이유를 함께 말해 봅시다. 남성과 여성이 서로 다르게 대우받고 있나요? 차이를 만드는 합리적 근거가 존재하나요?

상황	공평하다 /불공평하다	정상참작이 가능하다/ 불가능하다	판단을 내릴 때 사용한 기준은?
성별이 다른 이란성 쌍둥이의 통금 시간이 서로 다르다.			
오빠가 문제를 일으켜서 부모님이 외출 금지를 시켰다. 그렇지만 나는 밤에 밖으로 나가도 된다!			
고등학교 2학년 둘이 서로 같은 동네에 산다. 이 동네는 밤에 좀 무섭다. 한 명은 부모님이 친구 집에 가도 된다고 했지만 다른 한 명은 못 간다.			
혜정이는 여름 캠프에서 일하는데, 어린애들을 성별 상관없이 화장실에 데려갈 수 있다. 근데 태훈이는 안 된다.			
재민이는 그가 원하는 상대라면 누구든 데이트를 해도 되지만, 재민이의 사촌 소진이에겐 데이트가 허락되지 않는다. 심지어 더 나이를 먹었는데도!			

[부모의 책임]

라푼젤의 부모님은 양배추를 받는 대가로 자신의 아이를 마녀에게 넘김으로써 책임을 회피한 것처럼 보인다. 동화에서는 이러한 결정의 엄청난 중요성을 완전히 무시하고 그냥 지나쳐 버린다. 아이를 다른 사람에게 줘도 될까? 어떤 경우에 이 같은 행동을 희생적이라고 칭찬하고, 어떤 경우에 이기적인 부모라는 비난을 받는가? 청소년이나 어른이 제기할 만한 어렵고 복잡한 주제다. 하지만 어린이도 라푼젤의 부모님이 라푼젤을 버린 동기를 탐구하고 싶어 할지도 모른다. 만약 어린이가 이런 질문을 제기하는 경우, 해당 어린이에 관한 배경지식이 충분하지 않다면 조심스럽게 접근하라. 수업에서 벌어지는 대화를 아이 개인에 대한 내용으로 받아들여서는 안 된다.

* 토론 질문(청소년과 성인을 위한)

1. 라푼젤의 부모는 아이를 이웃에게 줘 버리고 대가로 양배추를 받는 일을 굉장히 쉽게 결정한 것처럼 보입니다. 아이를 포기하는 합리적인 이유가 있을까요? 어떤 이유라면 가능할까요?
2. 부부가 아이를 양도할 경우 엄마가 아빠보다 더 비난받나요? 만약 그렇다면, 이유는 무엇일까요? 만약 아니라면 이런 결정을 내릴 때는 완전히 분리해서 생각하나요?
3. 부모가 자식을 포기해야만 하는 상황이 있을까요? 만약 있다면, 어떤

기준으로 그 상황을 판단할 수 있을까요?

4. 아이들이 부모님과 지내고 싶은지 여부를 스스로 결정할 권리가 있어야 한다고 생각하나요? 그렇게 답변한 이유를 설명해 봅시다.
5. 가족의 사적인 결정과 외부의 통제 혹은 간섭이 요구되는 결정의 경계를 사회에서 어떻게 정해야 한다고 생각하나요?

[순종]

라푼젤은 보호자의 말을 들어야 하지만 그러지 않는다. 우리 사회에서 양육권은 중요하게 여겨지며 존중의 대상이다. 하지만 때로는 아이가 살면서 부모님이나 어른에게 불복종하는 것이 도리에 맞는 상황도 있다.

어린이에겐 이런 상황이 혼란스럽겠지만, 그만큼 탐구해볼 가치가 큰 문제다. 어떤 상황에서는 아이들이 순응 여부를 선택해야 하기도 한다. 하지만 아이와 부모의 권위를 모두 존중하는 기준을 어떻게 세울 수 있을까?

* 토론 질문

1. 라푼젤이 왕자의 방문을 허락했다면 보호자에게 불복종하는 건가요?
2. 보호자가 라푼젤에게 친구를 못 사귀도록 한 것이 공정한가요? 공정하다면/공정하지 않다면 왜 그런가요?
3. 어린이는 부모님이나 보호자의 말을 들어야 하나요? 만약 그렇다면, 왜 그런가요?

4. 어린이가 스스로 결정을 내릴 수 있는 시대가 있었을까요? 만약 있었다면, 언제였을까요?
5. 어린이가 혼자 힘으로 결정할 수 있으려면 얼마나 나이를 먹어야 할까요?
6. 혼자 힘으로 결정할 수 있는 상태를 드러내는 기준이 있을까요?

[〈라푼젤〉 동화와 영화]

어린이 대부분이 디즈니 영화 〈라푼젤〉을 봤을 것이다. 그러니 동화 〈라푼젤〉과 영화 〈라푼젤〉을 비교해보고 싶은 마음이 드는 것도 무리는 아니다. 등장인물은 어떤 점에서 비슷한가? 아이들은 어떤 차이점을 찾아낼 수 있을까? 둘 중 어떤 이야기가 더 나은가? 이유는 무엇인가?

3장

피처의 새

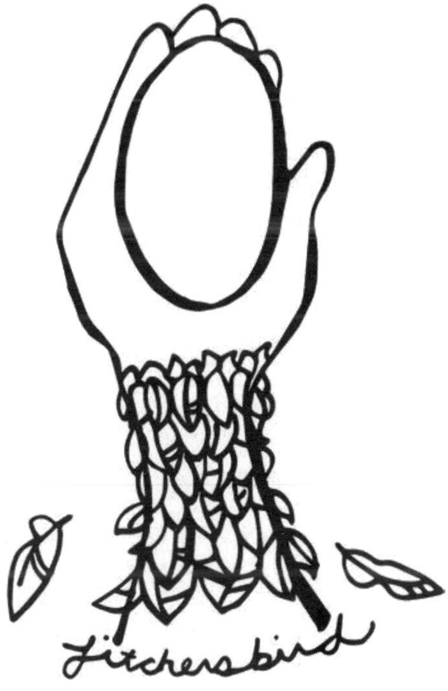

줄거리

이 어두운 동화는 〈푸른 수염〉 이야기 판본 중에 하나이다. 전통적인 〈푸른 수염〉 이야기에는 여러 명의 여자와 결혼하여, 여자들이 자신에게 복종할 것인지를 시험하는 한 부자가 등장한다. 여자들이 복종하지 않으면, 부자는 그들을 살해한다. 그중 한 여자만이 오빠의 도움을 받아 푸른 수염의 사나이를 죽이고 살아남는다. 그러나 '피처의 새'에서는 남자 형제 대신 주인공 여자가 지혜롭다. 자신은 물론 두 자매까지 구해낸다.

이야기는 한 마법사에 대한 소개로 시작된다. 이 마법사에게는 그가 젊은 소녀들을 어디론가 데려가서 다시는 돌려보내지 않는다는 소문이 있다. 어느 날, 그는 아름다운 세 소녀가 사는 집으로 간다. 문을 열어준 첫째는 그만 마법사의 마법에 걸려 그의 바구니 속으로 뛰어 들어가게 된다.

마법사는 첫째를 금은보화로 가득한 자신의 아름다운 집으로 데려간다. 그는 첫째에게 무엇이든 주겠노라고 약속하고, 첫째는 기꺼워한다. 그러던 어느 날, 마법사가 잠시 집을 비우며, 첫째에게 집 안의 모든 방에 들어갈 수 있지만, 한 방에는 절대 들어가면 안 된다고 말한다. 그러고는 첫째에게 그 방의 열쇠와 달걀을 주고 항상 가지고 다니라고 명령한다. 그러나 첫째는 금지된 방에 들어가고, 그곳에서 시체와 피로 가득한 양푼을 발견한다. 깜짝 놀란 그녀는 양푼에 달걀을 떨어뜨리고 만다. 즉시 달걀을 주웠지만 달걀에는 피가 잔뜩 묻어버렸다. 첫째는 달걀에 묻은 피를 지우려고 했지만 쉽지 않았다. 집에 돌아온 마법사는 첫째의 달걀을 검사하고는 그녀가 자신의 명령을 어긴 것을 알게 된다. 그는 첫째를 피로 얼룩진 방으로 끌어들여 죽인다. 이 모든 상황은 둘째 딸에게도 반복된다.

마법사가 셋째 딸을 찾아왔을 때, 그녀는 의심스러워하면서도 결국 그를 따라나선다. 마법사의 집에서, 셋째도 피로 얼룩진 방에 들어갔다가 두 언니의 시체를 보고 공포에 질린다. 하지만 달걀을 미리 안전한 곳에 두었기에, 그것을 떨어뜨리지는 않는다. 셋째는 이 마법사가 결혼할 만한 남자가 아니라는 것을 깨닫는다.

셋째는 언니들을 마법으로 되살리고는 다른 방에 숨긴다. 마법사가 돌아왔을 때, 셋째는 아무것도 묻지 않은 달걀을 보여준다. 마법사는 이제야 자신이 진정으로 순종적인 신부를 찾았다고 믿는다. 마법사와 결혼하기로 약속하면서, 셋째는 마법사에게 금으로 가득 찬 바구니를 그녀의 부모에게 가져다줄 것을 요구한다. 셋째는 그 바구니 안에 언니들을 숨기고 금으로 덮는다. 그리고 언니들에게 집에 돌아가서 오빠들을 보내 자신을 구해달라고 말한다. 마법사에게는 바구니를 가지고 자신의 집으로 멈추지 않고 서둘러 갈 것을 요청한다.

이 부분에서는 셋째가 마법사보다 우위에 있고, 마법사가 그녀에게 복종하는 모양새가 된다. 마법사는 자매의 집으로 가는 도중에 바구니가 지나치게 무겁다고 생각하지만, 바구니를 내려놓으려고 하면 바구니 속의 한 언니가 셋째인 척 큰소리를 치며 자신이 탑에서 지켜보고 있다고 으름장을 놓는다. 한편 예비 신부인 셋째는 결혼식을 위해 마법사의 친구들을 집으로 초대하고, 꽃과 보석으로 장식된 웃고 있는 해골을 옥탑방에 놓아 자신인 것처럼 위장한다.

바구니를 자매의 집에 갖다 놓고 돌아오는 길에, 마법사는 옥탑방 창가에 있는 것을 자신의 신부로 여기고 손을 흔들어 인사한다. 그러나 그때 셋째는 자신의 몸에 꿀을 흠뻑 묻혀 새의 깃털로 덮은 후 춤을 추며 탈출하는 중이다. 숲을 통과하며 아무것도 모르는 마법사의 곁을 지날 때, 그녀는 '피처의 새'에 관한 노래를 부른다. 마법사가 집에 도착했을 때, 집 안은 마법사의 친구들로 가득했다. 자매의 오빠들이 따라와서 집을 불태우니, 마법사와 함께 모두가 죽는다. 정의가 이루어진 것이다. 이제 우리는 행복해 보이는 결말에도 불구하고 너무나 어두운 동화 하나를 다 읽었다.

적정 연령

이 꽤나 섬뜩한 이야기는 청소년이나 어른들과 함께 읽는 것이 더 좋다. 청소년들은 아마도 피와 잔인함에 흥미를 느낄 것이다. 마침내 모두를 구하는 셋째 동생과 마법에 집중할 수도 있다. 아래의 탐구 주제들은 토론 참가자와 그들의 연령 및 관심사에 따라 선택한다.

읽기 계획

'피처의 새'를 특히 주목해야 하는 이유는 실질적으로 언니들과 자신을 구해내는 셋째 동생의 재치이다. 비록 결말에서 형제들이 사악한 마법사를 처치하는 임무를 맡았지만 말이다. 이 동화는 정신분석학적인 시각에서 해석되어 왔는데, 순결을 상징하는 달걀과, 여성들은 믿을 수 없다는 남성들의 냉소적인 믿음에 초점이 맞추어져 있다. 남성들은 속임수로 여성들을 가족으로부터 떼어내어야 하며, 그들의 이권을 지키기 위해서는 그들의 '소유물'을 경계하며 보호해야 한다.

철학적 탐구를 위한 독서에서 활용하는 하나의 기술은 독서를 잠깐 멈추고 어떤 개념이나 행동이 대화를 나눌 만한 가치가 있는지 평가하는 것이다. 때로는 하나의 단어 자체가 풍부한 철학적 토론을 불러일으킬 수 있다. 등장 인물의 동기 또한, 명시적으로 드러나지는 않지만, 질문의 대상이 될 수 있다.

언제나처럼, 이러한 이야기는 다양한 수준에서 읽힐 수 있으며, 다양한 방향으로 토론을 이끌어낼 수 있다. 참가자들이 가고자 하는 방향을 따라가라. 특정한 주제로 이들을 유도할 필요는 없다.

탐구 주제

[위험]

이 이야기는 위험으로 가득 차 있다. 소녀들이 낯선 이들과 함께 사라지고 그 후 소식이 끊긴다. 그들은 위협받고 공포에 떨며 죽임을 당한다. 위험은 이 어두운 이야기의 모든 구석구석에 도사리고 있는 듯하다. 무엇이 위험을 구성하며, 어떻게 우리가 그것을 인식할 수 있을까? 등장인물 중 일부는 스스로 위험을 초래하는가? 그렇다면 그것이 위험의 본질을 바꾸는 것일까?

* 토론 질문

1. 이 이야기에서 우리는 어떤 위험들을 발견하나요?
2. 낯선 사람들은 위험할까요? 그렇다면 왜 그럴까요? 아니라면 왜 아닐까요?
3. 위험은 항상 사람들에 의해 발생하는 것인가요?
4. 어떤 상황을 위험하게 만드는 기준을 설명해보세요. (단서: 불확실성을 초래하는 사건 또는 상황이나 사람, 발생할지도 모르는 위험, 통제 불능의 느낌, 미래에 대한 불안, 자신감의 결여, 지나치게 낯설거나 색다른 느낌의 새로움 등)
5. 위험이 흥미롭고 재미있을 수 있나요? 예를 들어보세요.
6. 위험이 우리에게 이익이 되거나 좋을 수도 있나요? 이유를 제시해주세요.

* 연계 활동

다음 표에서 어떤 사건/개인/상황이 위험한지 표시하고 어떤 기준을 사용했는지 보여주세요. 자신만의 예시를 추가하고 다른 사람들의 답변도 들어보세요.

	위험한가, 위험하지 않은가?	판단에 사용된 기준	좋은 위험인가, 나쁜 위험인가?	선택의 이유
벌이 내 방 창문으로 날아 들어옴.				
나와 아빠가 차를 타고 있는데 브레이크가 고장이 남.				
나의 가장 친한 친구가 다른 사람과 놀기로 결정함.				
거대한 눈보라가 우리 마을을 덮침.				
뉴욕시를 방문하여 지하철을 탐.				
이웃집 앞을 지나가는데 이웃집 개가 나를 보고 짖음.				
수영장의 5m 다이빙대에 올라 다이빙을 시도함.				

[두려움]

이 동화에는 이야기 속 등장인물과 독자 모두에게 아주 무서운 장면들이 많이 있다. 두려움은 불쾌하며, 우리는 일반적으로 두려운 상황을 위험과 마찬가지로 피하려고 한다. 우리는 두려움을 위험에 대한 합리적인 반응으로 본다. 위험은 촉매제이고 두려움은 반응이다.

어린이들은 종종 어둠, 특정 동물들, 그리고 부모님이나 선생님을 불쾌하게 하는 것에 대하여 두려워한다. 더 나이가 많은 청소년이나 성인들도 두려움을 경험한다. 위험이 이 감정을 일으킬 수 있지만, 다른 많은 상황들도 마찬가지로 그렇게 할 수 있다. 우리는 다수의 사람들 앞에서 말할 때 두려워하고, 잘못될까봐 두려워하며, 어떤 상황에서는 미지의 두려움을 경험할 수도 있다. 그러나 때로는 두려움이 경험해야 하는 좋은 것이라는 점을 알게 될 수도 있다.

✱ 토론 질문

1. 이 이야기에는 두려운 순간들이 많이 있습니다. 이 이야기에서 등장인물들이 가장 두려웠을 것 같은 부분은 어떤 부분인가요? 여러분에게는 어떤 부분이 가장 두려웠나요?
2. 무서웠거나 두려웠던 상황이나 일들에 대해 예를 들어 줄 수 있나요? 간단하게 그 상황을 설명해보세요.
3. 2번 같은 상황에서, 어떤 점이 여러분을 무섭거나 두렵게 만든 걸까

요? 목록으로 작성하고, 다른 사람들과 서로 비교해보세요.

4. 두려움은 어떤 인식이나 지식 혹은 상상력과 함께하는 감정으로 보입니다. 이러한 요소들은 어떻게 두려움을 일으키나요?
5. 으스스한 영화를 보면서 느끼는 두려운 감정과 롤러코스터나 놀이공원 놀이기구를 탈 때의 두려움, 그리고 빈 집에 혼자 들어가는 두려움 사이에는 어떤 차이가 있을까요?
6. 보통 우리는 두려움이나 공포를 피해야 할 부정적인 감정으로 생각합니다. 반대로 두려움을 갖는 것이 좋은 경험이 될 수 있을까요? 그렇다면 그 이유는 무엇인가요? 아니라면 그 이유는 무엇인가요?

* 연계 활동

2번 토론 질문에서 학생들이 발표한 두 가지 상황을 선택하여 칠판이나 큰 종이판에 씁니다. 1. 그 두려움이 좋은 종류인지 아니면 나쁜 종류인지, 그리고 2. 해당 상황에서 어떻게 그 두려움을 극복할 수 있는지에 대해 함께 논의하세요.

[낯선 사람들]

여러 동화에는 낯선 사람들에 대한 암시적 또는 명시적 경고가 들어있다. 낯선 사람들은 종종 마을로부터 떨어져 산속이나 다른 고립된 장소에서 산다. 어떤 경우에는 주인공들의 집으로 찾아와 무언가를 제안하거나 요청하기도 한다. 흥미롭게도 성경과 신화의 전통과 마찬가지로 사람들은 이 낯선 사람들을 환영한다. 혹시 이들은 천사나 신의 변장일지도 모르지 않는가.

이 이야기에서 마법사는 결혼 적령기에 있는 젊은 여자들이 사는 집을 방문하여 그들을 마법으로 잡아둔다. 이런 유의 이야기에서는 관련된 소문이 퍼지거나 경계심이 생기기보다는 계속해서 이런 일이 벌어진다. 원래 '푸른 수염 사나이' 이야기에서는 그 남자가 부유하고, 그로 인해 부모들이 갖은 의심을 떨쳐내는 것처럼 보인다. 그러나 딸들이 계속해서 한 명씩 사라질 때에는 분명 의심을 해야 한다.

그러나 동화 속에서는 이런 현실적인 접근이 이루어지기 어렵다. 하지만 사실 아이들에 대한 대부분의 범죄가 그들과 친숙한 사람들에 의해 저질러짐에도 불구하고, 현대 사회에서 '낯선 사람의 위험함'은 흔한 경구이다. 그러나 누가 낯선 사람이며, 우리는 우리의 안전에 대해 부주의한 것과 낯선 사람들에 대해 무관심하거나 완전히 적대적인 것 사이에서 어떻게 균형을 잡을 수 있을까? 이것은 아이와 어른이 함께 깊이 있는 논의를 해볼 가치가 있는 중요한 주제이다.

* 토론 질문

1. 마법사는 마을의 여러 집을 방문합니다. 거기에 사는 사람들에게는 그가 낯선 사람입니다. 무엇이 누군가를 낯선 사람이 되게끔 하나요?
2. 낯선 사람이 되는 것과 이상한 사람이 되는 것은 같은가요? 그렇다면

왜 그렇고, 아니라면 왜 아닌가요?

3. 사는 곳에 따라서, 여러분은 낯선 사람들을 자주 만날 수도 있고 거의 만나지 않을 수도 있습니다. 여러분이 사는 곳에서 낯선 사람들을 마주친 적이 있는지 말해주세요. 그들이 여러분에게 낯선 사람으로 느껴지는 이유는 무엇인가요?
4. 낯선 사람과 친구가 될 수 있을까요? 그렇다면 어떻게 가능할까요?
5. 우리는 낯선 사람을 어떻게 대해야 할까요?
6. 낯선 사람을 대하는 방식에 있어 그의 나이가 중요한가요? 혹은 여러분의 나이가 중요한가요? 어떤 면에서 나이가 중요하거나 중요하지 않을까요?
7. 낯선 사람은 나쁜가요, 좋은가요, 둘 다인가요? 아니면 어느 쪽도 아닌가요? 설명해보세요.

* 연계 활동

함께 다음 표를 채우고 답변에 관해 논의해보세요. 주어진 상황이 애매하다면, 상황을 더 구체적으로 만들어도 좋습니다. 여러분만의 예시도 만들어보세요.

낯선 사람이...	이 낯선 사람은 착한 사람인가요, 나쁜 사람인가요?	왜 그렇게 답하였나요?	여러분은 어떻게 대응해야 할까요? (말이나 행동)	의견
내가 마트 계산대에 줄을 서 있는데 미소를 지어준다.				
나에게 사탕 혹은 돈을 주겠다고 한다.				
주유소로 가는 길을 물어본다.				
내가 어디 사는지를 묻는다.				
나를 불러 내가 모자를 떨어트렸다고 말해준다.				
야구 경기에서 이기고 있는 팀을 응원한다.				
나에게 도움을 요청한다.				

[호기심]

이 이야기의 메시지 중 하나는 호기심이 가져오는 위험이다. 이야기에 등장하는 여성들은 특정한 방에 들어가지 말라는 말을 듣지만, 호기심을 이기지 못해 그 말을 어기고 방을 엿보게 된다. 이는 판도라의 상자나 에덴의 이브와 연결된다. 그러나 우리 인간은 모두 호기심이 있다. 특히 무언가를 하지 말라고 말렸을 때, 아이들은 호기심을 강하게 느낀다. 호기심을 불러일으키는 것은 무엇일까? 호기심은 강점일까, 약점일까? 호기심은 특히 여자들에게서 많이 보이는 특성일까? 혹시 우리에게 더 많은 호기심이 필요하지는 않을까?

* 토론 질문

1. 마법사는 각 자매에게 특정 방에 들어가지 말라고 하며 그들을 시험합니다. 이렇게 하는 이유는 무엇이라고 생각하나요? 자매들이 그의 지시를 따르지 않은 이유는 무엇일까요?
2. 여러분은 무엇에 호기심이 있나요? 예를 들고 설명해주세요.
3. 어린이가 어른보다 호기심이 더 많은가요? 남자아이들보다 여자아이들이 호기심이 더 많은가요? 그렇다면 그 이유는 무엇인가요? 아니라면 그 이유는 무엇인가요?
4. '호기심이 고양이를 죽였고, 만족이 그것을 되살렸다.'는 옛말이 있습니다. 이것은 무슨 의미인가요?
5. 학교에서 호기심이 도움이 되나요? 도움이 된다면 어떻게 도움이 되고, 아니라면 그 이유는 무엇인가요?
6. 학교 외의 다른 어떤 곳에서 호기심이 우리에게 도움을 줄 수 있을까요?
7. 호기심은 우리를 상처 입히거나 우리 삶에 부정적인 영향을 미칠 수 있나요? 그렇다면, 어떻게 그런지 설명해보세요.

8. 만약 여러분에게 호기심이 더 이상 없다면, 그것은 좋은 일인가요?

＊ 연계 활동

1. 호기심 하면 연상되는 말을 명사와 동사를 포함시켜 나열해보세요. 이것을 종이나 칠판에 워드클라우드 형태로 만들고 논의해보세요.
2. 아래 표에 제시된 것들을 발명한 사람을 찾아보세요. 이 발명가들을 이끈 호기심에 대해 논의해보세요.

바퀴	
채소 재배하기	
전화기	
백신	
마취	
컴퓨터	
영화	
풍차	
비디오 게임	

[악]

'피처의 새'는 무자비하게 젊은 여성들을 죽이는 매우 악한 주인공을 다루고 있다. 이 이야기에서 마법사가 왜 이렇게 나쁜 행동을 하는지에 대한 이유는 주어지지 않지만, 결국 그와 그의 모든 친구들은 복수하는 형제들에 의해 산 채로 불태워진다.

동화들은 종종 나쁜 사람들을 다루며, 보통 이들은 결말에서 그들이 저지른 일의 대가를 받게 된다. 정의가 구현된다. 그러나 악은 문제적이고 복잡한 개념이다. 심리학자들은 깊은 악행으로 보이는 행동을 학대적인 양육이나 심지어 생물학적 원인에 기반을 두어 설명하려고 한다. 우리는 이야기의 끝에서 악이 처벌받길 원하며, 그렇지 않다면 우리는 아주 비통해하고 불만족스러워한다.

✱ 토론 질문

1. 이야기 속 마법사는 나쁜 사람인가요, 아니면 그냥 나쁜 행동을 하는 건가요? 설명해보세요.
2. 사람을 나쁘게 혹은 악하게 만드는 것은 무엇인가요? 모든 나쁜 사람들이 공유하는 특징들을 생각해볼 수 있나요? (다음 연계 활동을 참조하여 도움을 얻어 보세요.)
3. 어떤 사람이 나쁜 행동을 하면서 동시에 나쁜 사람이 아닐 수 있나요? 그렇다면 그 이유는 무엇인가요? 그렇지 않다면 그 이유는 무엇인가요?
4. 어떤 사람이 착한 행동을 하면서도 나쁜 사람일 수 있나요? 그렇다면 그 이유는 무엇인가요? 아니라면 그 이유는 무엇인가요?
5. 나쁜 것과 악한 것은 같은가요?

6. 여러분이 한 가지 나쁜 일을 했다면 나쁜 사람이 되는 건가요?
7. 나쁜 사람들은 착한 사람이 될 수 있나요?
8. 여러분에게 나쁜 친구들이 있다면, 여러분도 나쁜 사람이 되는 건가요?

✱ 연계 활동 1

학생들에게 자신이 한 나쁜 일에 대해 짧은 글을 쓰거나 그림을 그려보도록 하세요. 그 행동을 나쁘다고 생각한 사람은 누구인가요? 여러분의 행동이 여러분을 나쁜 사람으로 만들었나요? 나쁜 행동을 했을 때 나쁜 사람이 되지 않으려면 어떻게 해야 하나요?

만약 학생들이 경험을 나누는 것을 편하게 느낀다면, 다른 사람들에게 자신의 글을 읽거나 그림을 보여준 후 함께 이야기를 나누어 보도록 하세요. 그러나 이로 인해 누군가 불편하다면 선택 활동으로 진행하거나, 가상의 이야기를 쓰도록 해도 됩니다.

✱ 연계 활동 2

다음 활동을 통해 나쁘거나 악한 사람을 정의하는 기준을 찾아 보세요. 다음의 표를 채우고 여러분의 선택에 대해 논의해보세요. 여러분은 표에 또 다른 내용을 더할 수 있나요?

만약 내가 이러하다면, 나는 나쁜가?	예 또는 아니오	선택의 이유
누군가가 아프기를 바란다면		
누군가를 해코지하려고 생각한 다음 실제로 그렇게 하지는 않는다면		
도움이 필요한 사람이 나에게 도움을 요청했는데 돕지 않는다면		
누군가가 고통받기를 바란다면		
울고 있는 누군가를 비웃는다면		
누군가가 행복하거나 성공했을 때 안 좋은 기분을 느낀다면		
동생이 내 기타를 가지고 노는 것을 허락하지 않는다면		

✱ 연계 활동 3

동화 속의 삽화에서 착한 사람과 나쁜 사람은 일반적으로 그들이 누구인지 의심할 여지 없이 묘사됩니다. '피처의 새'의 삽화를 살펴보고 각각의 등장인물들이 어떻게 표현되는지 비교해보세요. 등장인물들의 시각적 표현에 대해 어떤 점을 이야기할 수 있을까요?

4장

빨간 모자

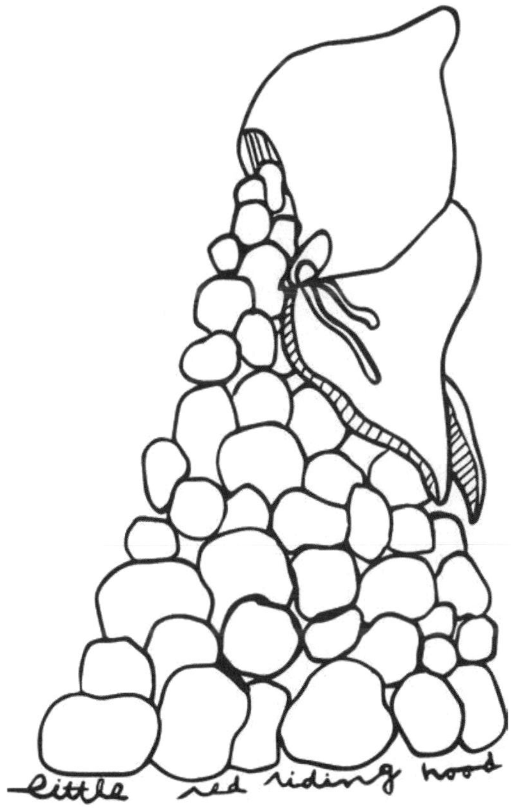

줄거리

이 동화는 아이들에게 인기가 많다. 심리학자나 사회학자들에게 의미의 이면을 분석하게 하는 이야기이기도 하다. 젠더 이론, 사회적 관행, 남성/여성의 개념, 자연/문화, 어린 시절의 불안 등 많은 이론이 이 동화에서 도출되었다. 이 이야기는 수 세기에 걸쳐 다양한 형태로 제시되었는데, 초기 구전은 꽤 외설적이고 성적이었다. 최근의 판본은 좀 무섭기는 하지만 아이들에게는 훨씬 더 적절하다.

그림 형제 판본은 할머니가 빨간 벨벳 모자를 만들어 준 '사랑스러운 어린 소녀'를 소개하면서 시작된다. 소녀는 그 모자를 너무 좋아해서 항상 그것을 쓰고 다녔고, 빨간 모자라는 별명을 얻었다. 어느 날 소녀의 어머니는 아픈 할머니에게 병문안을 다녀오라고 그녀를 숲으로 보낸다. 어머니는 길에서 꾸물거리지 말고 곧장 할머니에게 케이크와 와인을 가져다드리라고 당부한다. 하지만 곧 늑대를 만난다.

빨간 모자는 늑대에게 정중하게 인사하고, 그녀가 어디로 가는지 묻는 늑대에게 할머니 집에 간다고 알려준다. 늑대는 맛있는 먹이라고 생각하면서, 소녀보다 먼저 도착하면 할머니도 함께 먹어 치울 수 있다고 생각했다. 늑대는 빨간 모자와 함께 걸으면서 소녀에게 멋진 숲을 감상해보라고 제안한다. 소녀는 늑대의 조언에 따라 할머니에게 줄 예쁜 꽃다발을 만들기로 한다.

소녀가 꽃다발을 만드는 동안 늑대는 할머니 집으로 달려가서 할머니를 잡아먹는다. 그런 다음 늑대는 할머니의 침대로 올라가 빨간 모자를 기다린다. 빨간 모자는 꽃을 많이 꺾느라고 자신이 너무 늦었다는 것을 깨닫고 할머니 집으로 달려간다. 문이 열려 있는 것을 발견한 소녀는 할머니의 침실로 들어간다. 소녀는 할머니의 귀와 눈, 손, 이빨이 정말 크다고 할머니와 정답게 대화를 나눈다. 그때, 늑대는 침대에서 뛰쳐나와 소녀를 잡아먹고 이내 깊은 잠에 빠져 코를 곤다.

지나가던 사냥꾼이 늑대가 코를 고는 소리를 듣고 안으로 들어와 늑대를 발견한다. 사냥꾼은 늑대가 할머니를 잡아먹었을지도 모른다고 추측하고, 늑대를 쏘는 대신 배를 베어 연다. 그러자 소녀와 할머니가 무사히 튀어나온다. 그들은 늑대의 빈 배를 돌로 채웠고 늑대는 곧 죽었다.

이 이야기의 다른 버전에서는 빨간 모자가 할머니 댁으로 심부름을 가다가 다시 늑대를 만나지만, 이번에는 똑똑하게 할머니 댁으로 곧장 달려가 위험을 알린다. 소녀와 할머니는 늑대가 들어오지 못하게 모든 출입구를 막았다. 결국 지붕 위로 올라간 늑대는 두 사람이 꾀를 내어 만들어 놓은 끓는 큰 물통으로 떨어져 죽었다. '빨간 모자는 즐겁게 집으로 걸어갔고 더 이상 아무도 그녀에게 해를 끼치지 못했다.'

샤를 페로의 위 버전은 독자들에게 바르고 점잖은 청년처럼 보이는 늑대가 많기 때문에 젊은 여성들은 그런 늑대를 조심해야 한다는 경고를 한다.

적정 연령

이 놀라운 이야기는 어린아이부터 어른까지 다양한 종류의 질문을 불러 일으킨다. 여기에 제시된 주제들 중에서 참여자의 흥미와 관련 있는 것을 골라보자. 참여자들에게 맞게 아래 제시된 토론 질문 중 일부를 조정할 수도 있다. 그리고 항상 그렇듯이 여기에 소개되어 있지 않은 새로운 주제에도 주의를 기울여야 한다. 아이들은 여러분이 생각지 못한 새로운 탐구의 길을 만들어 여러분을 굉장히 놀라게 할 것이다. 아이들의 탐구를 따라 대화가 어디로 가는지 확인해보라.

읽기 계획

대부분의 어린이, 특히 청소년과 성인은 이 이야기에 익숙하지만 다시 읽는 것이 좋다. 다 읽고 나서 참여자들에게 흥미 있거나 궁금한 단어가 있는지 물어보는 것은 효과적인 접근이다. 빨간 모자는 어떻게 생겼나요? 늑대는요? 이런 질문이 이끄는 대로 따라가보자. 참여자들이 이야기의 다른 버전에 익숙할 수 있으므로 그것과 중요한 차이점이 있는지 물어본다. 이 이야기는 친숙하기 때문에 좀 더 재미있고 반전 있는 탐구를 이끌 수 있다.

탐구 주제

[늑대]

이 이야기에서 눈에 띄는 등장인물은 물론 늑대이다. 늑대는 흔히 부정적인 평가를 받는다. 그들은 자신의 무리에 헌신하는 고독한 동물인 경향이 있다. 경제가 소나 양과 같은 가축 떼에 의존했던 지난 세기에 늑대는 진정한 위협이 될 수 있었다. 그들은 친절하거나 배려하지 않는 야생의 본성을 나타냈다. 이것은 타자로서의 자연이며 인간과 사회를 위협한다. 인류 역사의 대부분 인류는 생존을 위해 자연의 힘에 맞서 싸워 왔으며, 늑대와 같은 포식자는 그들이 직면한 많은 도전 중 하나에 불과했다.

현대 도시 생활 속의 우리는 저개발 지역에 사는 사람들이 순수하게 여기는 방식으로 동물과 자연을 낭만적으로 만드는 경향이 있다. 하지만 아마도 이 이야기는 '인간의 가장 친한 친구'인 개의 먼 친척으로 보이는 '악당'에 대해 더 많이 배울 수 있는 기회를 제공할 수 있다.

✱ 토론 질문

1. 이 이야기에는 크고 나쁜 늑대가 등장합니다. 늑대를 악당으로 만드는 것은 무엇일까요?
2. 늑대가 위험한 것으로 알려져 있다면, 왜 빨간 모자는 이 늑대와 대화

를 나눴을까요?

3. 이 이야기에 나오는 늑대는 매우 인간화되어 있습니다. 빨간 모자와 대화하고 매우 인간적인 방식으로 행동하여 상대를 약탈합니다. 이 이야기에서 늑대는 또 어떤 특징을 드러내나요?
4. 늑대가 단순히 본성에 따라 행동한 것이라면, 늑대를 벌주는 것은 정당한 것인가요? 맞다면 왜 그럴까요? 아니라면 왜 아닐까요?

* 연계 활동

여러분은 늑대에 대해 어떻게 알고 있나요? 늑대는 길들여진 개와 비슷합니까? 어떻게 비슷하며 아니라면 그들은 어떻게 다를까요? 늑대는 종마다 다르게 살고 다르게 행동합니까? 늑대의 행동을 조사하고 발견한 내용을 요약한 포스터를 만들어보세요.

[신뢰]

이 이야기에서 우리는 빨간 모자가 늑대를 순진하게 신뢰하는 것을 발견할 수 있다. 그러나 그녀의 어머니 또한 그녀를 소녀 혼자 할머니를 방문하도록 보내면서 그녀를 신뢰한다. 신뢰할 수 있는 사람을 어떻게 결정하는가? 나이에 따라 신뢰할 사람을 선택할까? 신뢰는 우리의 일상생활에서 어디에 영향을 미칠까? 아이들은 종종 부모를 완전히 신뢰하며 실제로 좋은 양육에는 신뢰가 필수적이라고 생각할 수 있다. 그들이 세상으로 모험을 떠나면서 그들은 모든 사람이 신뢰할 수 있는 것은 아니라는 것을 배운다. 그리고 아마도 누군가를 신뢰하지 않는 것은 다른 사람을 신뢰하는 것과 똑같이 중요하다. 그러나 신뢰는 또한 인간 본성의 미덕이자 긍정적인 측면으로 볼 수 있다.

* 토론 질문

1. 이 이야기에서 다른 사람에 대한 신뢰를 보이는 사람은 누구입니까? 그들이 신뢰를 어떻게 나타내는지 설명해보세요.
2. 여러분의 삶에서 신뢰할 만한 사람은 누구입니까? 왜 그런지 이유를 말해보세요.
3. 사람만 믿을 수 있나요? 동물은 어떤가요? 집, 자전거, 태양을 믿을 수 있나요? 왜 그럴까요? 아니면 왜 그렇지 않습니까?
4. 누군가를 신뢰하려면 무엇이 필요합니까? 여러분이 신뢰하는 사람이나 다른 존재의 특징을 말해보세요.
5. 신뢰를 갖는 것이 좋은 일일까요? 왜 그런가요? 신뢰한다는 것이 좋지 않을 수도 있나요?
6. 우리가 믿어야 할 사람들이 있습니까? 있다면, 누구이며, 언제 믿어야 하나요? 또 왜 그런가요?

* 연계 활동: 신뢰 차트 작성

다음 표에서 우리가 어떤 사람이나 존재를 신뢰해야 하는지 표시하고, 그 이유를 설명해보세요. 여러분의 대답을 다른 사람들과 비교하고 여러분이 선택한 이유에 대해 토론해보세요. 다른 사람들이 어떻게 생각하는지 알아보기 위해 몇 가지 다른 예를 제시하고 싶을 수도 있습니다.

	우리는 신뢰해야 한다.	우리는 신뢰해선 안 된다.	답변선택 이유
부모님			
형제자매			
선생님			
경찰			
도서실 선생님(사서)			
공원에서 만난 강아지			
친구들			
국가의 대통령			
통학 버스 운전사			

[교훈]

빨간 모자 이야기는 여주인공이 벌을 받았지만 구원받고 모든 것이 잘 끝나는 교훈적인 이야기이다. 빨간 모자의 어머니는 그녀가 해야 할 일에 대해 명확하게 가르쳤고, 그녀는 늑대와 수다를 떨었지만 결국엔 할머니 집으로 가는 길을 벗어나지는 않았다. 이 글을 읽는 어린이와 청소년은 그 메시지를 분명히 이해할 수 있다. 나이가 많은 독자는 그림 형제의 버전에서 암시된 성적인 의미 혹은 성적으로 함축적인 표현을 알아차릴 수 있지만, 이전 버전만큼 뚜렷하지는 않다.

이 이야기는 부모나 권위 있는 다른 사람의 건전한 조언을 듣지 않으면 나쁜 일이 발생할 수 있다는 메시지를 가지고 있다. 그러나 빨간 모자는 꽤 어린 것처럼 보이지만 늑대를 조심하라는 가족의 조언에 반항하는 십 대의 모습을 보여준다. 참여자에 따라 주의하라는 메시지를 완전히 다른 방향에서 탐색할 수 있다.

✱ 토론 질문

1. 빨간 모자는 엄마 말을 듣지 않는 나쁜 소녀였나요? 왜 그렇게 생각하나요?
2. 그녀는 자신의 경험에서 교훈을 얻었나요? 무슨 교훈이었나요?
3. 그녀의 어머니가 남자인 오빠에게도 같은 경고를 했을 것이라고 생각하나요?
4. 교훈을 배우는 쉽고 어려운 방법이 있나요? 발표해보세요.
5. 교훈을 배우는 것이 학교에 가는 것과 같은 것인가요? 왜 그런가요? 혹은 왜 아닌가요?

✱ 연계 활동: 교훈

다음 사례의 주인공들은 교훈을 얻었나요? 표를 작성하고 다른 사람들과 답에 대해 토론해보세요. 사례를 더 만들어도 좋습니다.

사례	예 -왜 그런가요?	아니요 -왜 아닌가요?	설명
소정이가 공원에서 개를 쓰다듬으려 하자 개가 으르렁거립니다.			
승인이는 어려운 수학 문제와 씨름을 하다가 해결방법을 알아냅니다.			
용준이는 울타리에 스프레이 페인트로 낙서를 했는데, 아무도 낙서한 사람이 그인지 모릅니다.			
점원이 거스름돈을 너무 많이 주자 영승이는 남은 금액을 돌려주었습니다.			
진희는 역사시험 공부를 하지 않아 결과가 매우 형편없었지만, 그녀의 어머니는 상으로 아이스크림을 사줬습니다.			

[친절]

우리의 여주인공은 친절하다. 그녀는 아픈 할머니를 방문하기 위해 기꺼이 심부름을 하고 늑대를 정중하게 대했다. 친절이 궁극적인 미덕이라고 말하는 사람도 있다. 그러나 친절이 부주의로 바뀌거나 위험에 빠뜨릴 수도 있을까?

친절은 내가 누군가에게 친절하게 대하면, 그 사람도 나에게 친절할 것이라는 믿음을 바탕으로 한다. 하지만 우리는 돌려받을 수 있는 친절과 관계 없이 상대에게 친절을 베풀어야 할까? 아니면 친절은 그 자체로 중요할까?

* 토론 질문

1. 빨간 모자는 이 이야기에서 친절하게 행동합니다. 그녀는 할머니에게 간식을 갖다드리기 위해 기꺼이 모험을 하고, 늑대를 존중하며 친절하게 대합니다. 여러분이 경험한 친절한 예는 무엇인가요?
2. 누군가 친절하게 대하면 우리는 친절하게 보답해야 할까요?
3. 누군가가 우리를 나쁘게 대하거나 비열하게 대하면 어떻게 해야 할까요? 그래도 우리는 여전히 친절해야 할까요?
4. 친절은 우리가 행하는 것과 말하는 것, 심지어 생각하는 것에서도 나타날 수 있습니다. 각 유형별로 몇 가지 예를 들어보세요. 친절해지는 다른 방법이 있나요?
5. 자신에게 친절하다는 것은 무엇을 의미합니까?
6. 우리는 다른 사람에게 친절하면서도 동시에 그 사람을 속일 수 있나요? 이것은 괜찮을까요? 그 이유는 무엇인가요? 여러분의 답변을 설명하는 이야기나 시나리오를 써보세요.

[낯선 사람]

많은 동화는 낯선 사람을 다루는 아이디어를 소개한다. 때때로 그들은 요정 대모처럼 자비로운 것으로 밝혀지지만, 헨젤과 그레텔처럼 변장한 사악한 마녀가 될 수 있다. 아이들은 대부분 낯선 사람과 이야기하지 말고 그들과 어울리지 않도록 주의를 받는다.

그러나 낯선 사람은 단지 지금 모를 뿐 앞으로 친구가 될 수도 있지 않을까? 우리와 다른 사람들을 낯선 사람으로 보는 경향이 있는데, 우리는 어떤 사람을 교제할 수 없고 함께해서도 안 되는 사람으로 보는가? 우리는 어떻게 아이들에게 주의를 줄 수 있을까? 어떻게 하면 어린아이들에게 자신을 위험에 빠뜨리지 않으면서도 무조건 낯선 사람을 내치지 않도록 할 수 있을까?

우리는 7장에서 이 주제를 탐구했지만 여기에서 다시 살펴볼 가치가 있다. 낯선 사람을 너무 두려워하거나 받아들이기를 꺼리면 새로운 관계를 놓칠 수 있다. 낯선 사람에 대한 의심도 편견이 될 수 있다.

* 토론 질문

1. 늑대는 빨간 모자에게 낯선 사람입니까, 아니면 이미 그를 알고 있는 것 같나요?
2. 낯선 사람을 만나고 좋은 친구가 되기까지의 단계를 설명해보세요.
3. 낯선 사람에게 친절해야 하나요? 왜 그런가요, 혹은 왜 아닌가요?

4. 왜 사냥꾼은 낯선 사람인 할머니를 기꺼이 도와주려고 하는 걸까요?
5. 어린이와 성인은 낯선 사람을 다르게 대해야 합니까? 이유를 설명해 보세요.
6. 왜 어른들은 아이들에게 낯선 사람을 피하라고 말할까요?
7. 낯선 것은 낯선 사람과 같은 것일까요?
8. 얼만큼 다르거나 알지 못해야 낯선 사람(동물, 사물)인가요?

* 연계 활동

다음 문장을 완성하고 카드에 적어보세요. 그리고 참여자들의 카드를 모아 탁자 위에 펼쳐 놓고 그것들 사이에 어떤 연관성이 있는지 살펴보세요. 그에 대해 이야기 나눠보세요.

낯선 사람은 ______________________________ (한) 사람입니다.

* 한글 번역본

빨간 모자 - 예스24(yes24.com) https://www.yes24.com/Product/Goods/14305022
마음속 그림책 09. 빨간 모자, 그림 형제 글, 트리나 샤트 하이맨 그림, 상상의 힘, 2014

5장

하얀 뱀

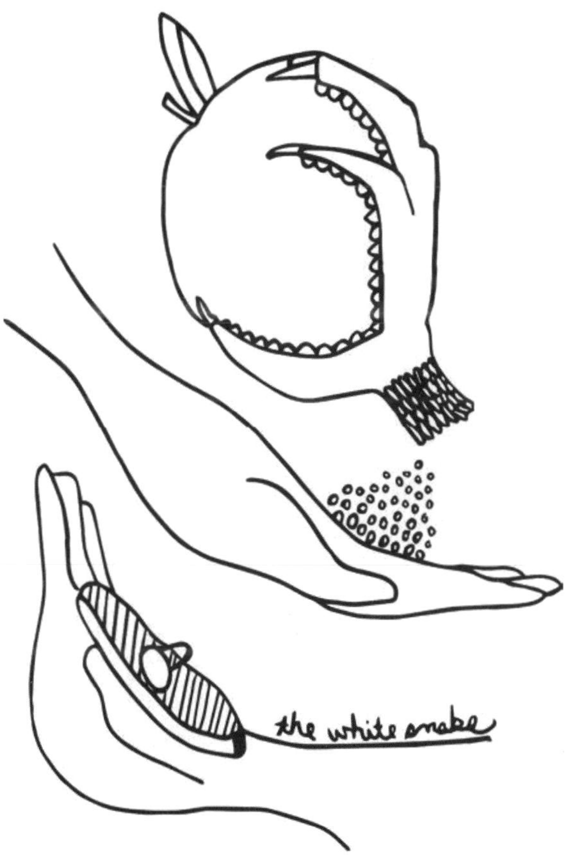

줄거리

이 멋진 이야기에는 호기심에 왕의 비밀 음식을 한 입 먹어버린 수완 좋은 하인이 등장한다. 이 잘못된 행동으로 인해, 하인은 동물들의 말을 알아듣는 능력을 갖게 된다. 우리는 동물에 대한 고마움과 도움에 대한 이야기에서 출발하여, 인간의 욕심을 위해 동물을 이용하는 상황을 통해 다양한 호기심과 흥미를 불러일으킬 수 있다.

놀라운 지혜로 유명한 왕이 있었는데, 그의 지혜의 비밀을 아는 이는 아무도 없었다. 매일 하인이 특별한 덮개가 씌워진 접시를 가져다주면, 왕은 은밀하게 그 안의 내용물을 먹어치웠다. 그러던 어느 날 호기심 많은 하인이 왕의 접시를 자신의 방으로 몰래 가져와 열어 보았다. 그런데 그 안에는 하얀 뱀이 들어있는 게 아닌가? 한번 맛보고 싶다는 충동에 사로잡힌 하인이 뱀을 한 입 베어 무는 순간 마법에 걸린 것처럼 그는 동물의 말을 이해할 수 있는 힘을 얻게 된다.

얼마 뒤 왕비가 귀중한 반지를 잃어버리는 사건이 발생했다. 왕은 하인이 성을 자유롭게 돌아다닐 수 있었다는 이유로 하인을 의심하고 비난했다. 아침까지 반지와 진범을 찾지 못한다면 하인은 처형당하게 될 터였다. 어떻게 해야 할지 고민하던 하인은 우연히 오리 두 마리의 수다를 엿듣는다. 수다를 떠는 오리 중 한 마리가 반지를 먹었으며, 그 때문에 배가 아파 불평하는 소리였다. 하인은 오리를 잡아 요리사에게 가져갔고, 오리의 배 속에서 반지를 찾아낸다. 원하는 직책을 주겠다는 왕의 약속에도 불구하고, 하인은 왕에게서 말과 여행에 필요한 노잣돈을 받아 길을 떠난다.

길을 가는 도중 하인은 세 종류의 동물들에게 친절을 베푼다. 하인은 갈대 덤불 속에서 자신의 운명을 한탄하며 신음하는 물고기의 말을 듣고 그를 구해주고, 자신의 백성이 짓밟히고 있다며 불평하는 개미 왕의 소리를 듣고는 말을 길 밖으로 옮겨준다. 그리고 어미가 둥지에서 쫓아낸 새끼 까마귀 세 마리의 목숨을 살린다. 심지어 우리의 주인공은 아기 까마귀들을 굶기지 않으려고 자신의 말까지 죽인다. 하인은 여행을 계속하다가 신랑감을 구하는 공주가 사는 왕국에 도착한다. 공주와 결혼을 원하는 모든 구혼자들은 각자 시험을 통과해야 하는데, 만일 실패하면 처형당해야만 했다.

공주를 보고 사랑에 빠진 하인은 공주와 결혼하기로 결심한다. 왕은 하인을 바다로 데려가서 깊은 바닷속에 반지를 던져 버린다. 아침까지 바다 밑바닥에서 반지를 찾아온다면 공주와 결혼할 수 있다. 어떻게 해야 할지 고민하던 하인이 해변에 앉자, 그가 구해준 물고기가 헤엄쳐 다가와 반지를 전해주었다. 하지만 하인이 반지를 가져다주어도, 공주는 그를 반갑게 맞아주지 않았다.

평민이 문제를 푸는 것이 달갑지 않았던 공주는 하인에게 다른 시험을 치르도록 명한다. 공주는 곡물 열 자루를 정원에 쏟아두고서는 아침까지 모두 분류해 주워두라는 명령을 내린다. 또다시 하인은 자신이 실패할 거라고 확신하지만, 아침이 되어 보니 곡식은 각각의 자루에 깔끔하게 정리되어 있었다. 길을 비켜주었던 하인의 마음에 대한 고마움의 표시로 개미들이 그를 위해 열심히 일한 덕분이다.

세 번째이자 마지막 시험에서 오만한 공주는 하인에게 생명의 나무에 열리는 사과를 가져오게 한다. 성경에 등장하는 에덴동산의 선악과를 말하는 것일지도 모르겠다. 하지만 우리의 영웅은 어떻게 해야 할지 몰라 난관에 빠진다. 세 왕국을 헤매며 방황하던 하인이 마침내 포기하기 바로 직전에 황금 사과가 그의 무릎 위에 떨어진다. 세 마리의 까마귀가 청년의 앞에 내려앉아 자신들이 그가 굶주림에서 구해준 새끼들이었다고 말해주었다. 까마귀들은 곤경에 빠진 하인의 이야기를 전해 듣고 황금 사과를 가져오기 위해 전 세계를 가로질러 날아온 것이다.

공주는 하인의 성공에 깜짝 놀랐지만 이제는 변명의 여지가 없었다. 사과를 한 입씩 베어 문 두 사람은 사랑에 빠져 영원히 행복하게 살았다고 한다.

읽기 계획

다소 생소해 보이는 이 이야기를 통해 우리는 언어, 인간과 동물, 호의에 대한 아이디어를 탐구할 수 있는 매력적인 기회를 얻을 수 있다. 다른 동물의 언어를 배운다는 신화에 나올법한 소재 외에도, 우리는 하인의 친절에서 비롯된 세 가지의 선행이 공주의 세 가지 시험과 연결되어 은혜를 입은 동물들이 하인으로부터 받은 도움에 어떻게 보답하는지 살펴볼 수 있다.

이 이야기는 다양한 방향으로 진행할 수 있기 때문에 함께하는 모둠 또는 자녀가 주도하는 대로 따라갈 준비가 되어있어야 한다. 그들과 이야기를 나눌 때, 언제나 무엇이 흥미로웠는지, 놀라웠는지, 신경 쓰이게 했는지 물어보는 대화로 시작해보자. 그들이 어떤 질문을 가지고 있는지 확인해보자. 아래에 제시된 주제 중 하나와 관련이 있다면 질문을 시도하되, 아이들이 이끄는 대로 따라가도록 하자. 그들이 이 이야기를 잘 모르는 경우 새로운 아이디어가 나올 수도 있다!

탐구 주제

[지혜와 지식]

이 이야기는 지혜로 유명한 왕에 대한 소개로 시작된다. 왕의 지혜는 마치 "바람이 그에게 소식을 전하는 것 같다"고 말할 수 있을 정도로 왕은 모든 것을 알고 있는 것만 같다. 지식과 지혜의 차이는 무엇일까? 지혜와 똑똑함 또는 지능과의 차이는 무엇일까? 종종 우리는 지혜가 나이와 경험에서 우러나온다고 생각하지만, 그렇지 않은 경우도 분명히 있다.

그렇다면 어린아이도 지혜롭다고 할 수 있을까? 철학자들은 늘 지혜를 중요하게 여겨 왔지만, 지혜의 본질이 무엇인지 정확히 결정하는 일은 쉽지 않다. 흥미롭게도 이야기에서는 지혜에 대한 이 부분을 초반부에서 스치듯 지나가버리지만, 지식과 지혜에 대한 토론은 해볼 가치가 충분히 있는 일이다.

* 토론 질문

1. 이 이야기에서 왕은 지혜롭기로 유명합니다. 사람이 지혜로운지는 어떻게 알 수 있을까요?
2. 이 이야기에서 지혜란 무슨 뜻일까요?
3. 지혜는 지식과 같은 것일까요? 왜, 또는 왜 아닌가요?
4. 지혜롭다는 것은 모든 답을 가지고 있다는 것을 의미하나요?
5. 지혜롭다는 것은 모든 질문을 가지고 있다는 것을 의미하나요?
6. 지혜는 가지고 있는 것인가요, 아니면 하는 것인가요? 둘 다인가요? 둘 다 아닌가요?

* 원탁 활동

어린이 또는 청소년 모둠에게 자신이 알고 있는 지혜로운 사람의 이름을 물어보세요. 각 응답자는 다음과 같이 답변해야 합니다:

(　　　　)은/는 지혜롭습니다. 왜냐하면 (　　　　)은/는 (　　　　　　)이기/하기 때문입니다.

모두의 사례를 나눈 후, 중요한 공통점이나 차이점을 찾을 수 있는지 살펴봅시다.

[언어]

수많은 신화와 전설에서는 다른 동물과 의사소통하는 것을 특별한 능력으로 여기고 있다. 북유럽 신화의 영웅 지크프리트는 용의 피를 마시고 새들의 언어를 이해하게 된다. 최근에 유명세를 얻은 해리 포터는 뱀의 언어인 '파셀통그'를 구사하는 능력자로 명성이 높다. 이야기 속에서 왕은 하얀 뱀을 먹고 비밀스러운 동물의 의사소통 세계로 들어가게 된다.

마찬가지로 하인 역시 단 한 입 만에 동물을 이해하는 능력을 얻는다. 물론 우리는 많은 동물들이 우리와 비슷한 구조의 언어는 아니지만, 다양한 수단을 통해서 각자 소통한다는 사실을 알고 있다.

✱ 토론 질문

1. 이 이야기에서 하인은 몇 종류의 동물의 언어를 이해하나요?
2. 여러 만화와 영화에서는 우리말로 말하는 동물들을 묘사하곤 합니다. 왜 이렇게 표현한다고 생각하나요?
3. 우리는 언어를 어떻게 사용하나요? 아기와 어린아이도 청소년이나 어른처럼 언어를 사용하나요? 여러분의 답변에 대해 설명해 주세요.
4. 언어를 사용하거나 이해하지 못하는 사람과 의사소통할 수 있나요? 할 수 있다면, 어떻게 가능한가요?
5. 단어를 사용하지 않고 짝과 대화해 보세요! 짝을 이해할 수 있었나요? 어떻게요?

6. '신체 언어'라는 말은 무슨 뜻인가요? 말이나 글로만 전할 수 있는 것도 있을까요?

✱ 연계 활동

기린	뱀	파리
유인원	벌	사슴
개	나비	너구리
고양이	개미	소
물고기	박쥐	돼지
고래	사자	닭
돌고래	코끼리	
쥐		

동물은 적어도 종 내에서는, 때로는 종을 넘어 서로 의사소통을 할 수 있는 것이 분명합니다. 다음 목록에서 한 가지 동물을 고르고, 그 동물이 어떻게 의사소통을 하는지 알아봅시다. 하지만 동물들이 의사소통을 한다는 것을 어떻게 알 수 있는 걸까요? 이 사실에 대해 알아봅시다.

[비난]

이 이야기에서 왕은 도난당한 반지에 대해 하인에게 책임을 물으며 성급하게 의심한다. 지혜롭다는 왕의 행동이 이상하다. 실수나 범죄에 대한 책임을 가장 효과적으로 결정할 수 있는 방법은 무엇일까? 하인을 잠재적인 범죄자로 여기기에 충분한 증거가 있었을까? 그가 실제로 무죄였다는 증거는 어떻게 제시할 수 있을까? 누군가를 비난하는 일은 상대가 위법 행위를 할지 말지 선택할 수 있었는데도 불구하고 저지른 위법 행위와 관련이 있다. 하지만 직접적인 책임이 없더라도 누군가 또는 무언가를 비난할 수 있을까? 이러한 경우에도 비난은 같은 의미를 지니고 있을까?

* 토론 질문

1. 왕은 왜 반지가 없어진 것에 대해 하인을 탓했을까요? 그는 어떤 증거를 가지고 있었을까요?
2. 지혜로운 사람이라면, 이렇게 했을까요?
3. 지식이 풍부한 사람이라면, 이런 결론에 도달할까요?
4. 어떤 행동, 사건 또는 상황에 대해 누군가를 비난한다는 것은 무슨 의미인가요?
5. 누구에게도 책임이 없는 상황도 있나요? 어떤 상황일까요?
6. 피할 수 없었던 행동에 대해 누군가를 비난할 수 있나요?
7. 어떤 일에 대해 비난을 받는다면 어떻게 해야 할까요? 여러분이 어떻게 대응할지에 대해 설명할 수 있는 시나리오를 만들어 보세요.

[친절 2]

많은 이야기에서 친절은 인격자의 상징이다. 하지만 이 이야기에서 하인의 행동은 좀 이상하다. 어떤 경우에 그는 동물의 말을 듣고 연민의 마음으로 동물들을 돕는다. 하지만 어떤 경우, 하인은 오리를 요리사에게 넘겨 도살하는 것을 특별하게 생각하지 않거나 아기 까마귀가 먹을 수 있도록 자신의 말을 죽이는 데도 주저하지 않는다. 그렇다면 하인은 동료 동물들을 이해하는 능력을 통해 연민을 배운 걸까, 아니면 선택적 배려를 배운 걸까? 그리고 하인이 어떤 동물에게는 연민을 품고 다른 동물에게는 그렇지 않았던 이유는 무엇일까?

어떤 동물은 다른 동물보다 더 동정심과 보살핌의 가치가 있을까? 이야기에 등장하는 바다, 땅, 공중의 동물들, 즉 하인이 필요할 때 도움을 주는 세 종류의 동물들은 그의 친절에 큰 보상을 준다. 이 이야기는 주인공이나 여주인공이 다른 사람에게 베푼 친절에 대해 궁극적으로 보상을 받는다는 동화적 상식을 따르고 있다.

* 토론 질문

1. 하인은 곤경에 처한 동물들에게 진정한 친절이 드러나는 세 가지 행동을 보여줍니다. 무엇이었나요?
2. 하지만 하인은 동물들에게 잔인한 행동을 하기도 합니다. 여러분은 이야기 속에서 그러한 부분을 찾을 수 있나요? 그 행동은 잔혹한 것이

었나요, 아니면 정당한 이유가 있는 행동이었나요?

3. 친절하다는 것은 무슨 의미일까요?
4. 친절하다는 것은 우리가 느끼는 감정, 우리가 하는 일, 우리가 하는 말인가요?
5. 여러분에게 상처를 준 물건이나 사람에게 친절해야 하나요?
6. 누군가 여러분에게 친절하게 대한다면, 여러분은 그 대가로 그들에게 빚을 지고 있는 것일까요?
7. 친절은 일종의 거래인가요? 주희가 민수에게 친절하게 행동했다면, 민수는 그 대가로 주희에게 친절하게 행동해야 할까요?
8. 친절하게 행동하는 것은 다른 사람들에게 어떤 영향을 미치나요? 아니면 자기 자신에게만 영향을 미치나요?

[동물과 사람]

앞서 살펴본 것처럼 이 이야기는 동물과 사람과의 관계에 대해 생각해 볼 수 있는 기회를 제공한다. 많은 글 속에서 우리 인간이 얼마나 동물을 함부로 대하는지 언급하고 있다. 하지만 수많은 동물이 인간에게 의존해 살아가고 있으며, 인간이 동물을 이용하지 않는다면 아예 존재하지 못하게 되는 동물도 있다. 그렇다면 우리는 다른 종과 어떻게 관계를 맺어야 할까? 모든 동물을 존중하고 사랑해야 한다고 말하기는 쉽다. 하지만 인간에게 매우 위험한 동물도 있으며, 인간과 어떠한 연관을 맺는 것을 원하지 않는 동물들도 있다.

상상 속에서 어린이들은 동물과 함께 어울려 놀곤 한다. 동물이 등장하는 이야기와 포옹할 수 있는 부드러운 장난감 동물을 안고 자라는 어린이는 얼마나 많은가? 어린이들에게 반려동물은 매우 소중한 존재일 수 있다. 이 이야기를 함께 나누는 어린이들은 각자의 가치관에 따라 반려동물의 가치가 무엇인지, 육식을 해야 하는지, 동물성 제품을 사용해야 하는지, 우리가 건강과 복지를 위해 동물성 제품에 어떻게 의존하는지에 대해 토론해 볼 수 있다.

다음 질문과 활동은 매우 다양한 상황에 적용할 수 있으므로, 자녀나 청소년에게 더 의미 있어 보이는 것을 선택한다.

✱ 토론 질문

1. 이 이야기에서 우리는 하인이 도움이 필요할 때 하인을 도와주는 동물들을 볼 수 있는데, 동물들의 기술은 하인보다 훨씬 더 뛰어납니다. 세 종류의 동물 중 어떤 동물에게 가장 연민을 느꼈나요? 그 이유는 무엇인가요?
2. 우리는 동물에게 무엇을 빚지고 있나요? 그것은 동물의 종류에 따라 다른가요? 포유류, 곤충, 어류, 조류를 생각해 보세요.
3. 우리가 동물에게 빚지고 있는 것은 동물이 사는 곳에 따라 어떻게 달라지나요? 예를 들어 반려동물, 축산 동물, 마당에 사는 동물, 야생에 사는 동물을 생각해 보세요.
4. 이야기에서 하인은 어떤 동물은 돕지만 어떤 동물은 희생시킵니다.

어떤 종류의 동물은 다른 동물보다 더 많은 보살핌과 존중을 받아야 할까요? 구분을 한다면 어떤 기준을 사용해야 할까요?

✱ 연계 활동

다음 표에서 이 동물이 반려동물인지 아닌지를 정해 봅시다. 다른 사람들에게 자신의 답을 말하고 논의해 봅시다. 다른 사람들의 생각을 알아보기 위해 몇 가지 동물을 추가해 봅시다.

동물	반려동물로 적절하다	먹을 수 있다	먹을 수 없다	선택한 이유
개				
앵무새				
닭				
소				
금붕어				
고양이				
쥐				
귀뚜라미				
판다				
여우				
돼지				
매				
칠면조				
사자				

[도전, 시험, 공정성]

공주와 왕은 하인이 해결해야 하는 몇 가지 과제를 제시한다. 도전은 점점 더 어려워지는 것 같아 보인다. 하인이 바다 깊은 곳에서 반지를 구해 첫 번째 과제를 완수했지만, 하인의 성공을 높이 평가하지 않았던 공주는 하인을 더 많이 시험한다. 즉, 공주는 하인이 동등한 사회적 계급에 속하지 않는다고 생각하고 하인과 결혼할 가치가 없다고 생각했던 것이다. 여기서 공주의 행동은 불공정한 것일까?

첫 번째 도전에 실패했던 구혼자들은 처형당했다. 이것은 그들의 실패에 대한 공정한 처벌일까? 이 이야기에서 우리는 시험과 약속, 그리고 깨진 약속의 그물망을 발견할 수 있는 것 같다. 시험이 완료되었지만 결과가 마음에 들지 않아 다시 도전하는 것은 공정한가? 요컨대, 여기서 공주의 태도는 문제가 있는 것인가?

* 토론 질문

1. 공주는 하인이 도전에 직면할 때마다 '게임'의 규칙을 바꾸는 것 같습니다. 어떤 이유가 있을까요? 이것은 좋은 이유인가요?
2. 공주와 왕이 도전을 만든 사람이므로 그들이 새로운 도전을 계속 추가하는 것은 공정한가요?
3. '공정성'을 어떻게 정의할 수 있나요? 게임에서는요? 학교에서는요?
4. 게임의 규칙은 약속과 같은 것인가요? 같은 이유는 왜인가요? 다른 이

유는 왜인가요?

5. 결국 이야기의 끝에서 하인과 공주는 결혼하게 됩니다. 하인이 정당하다고 생각하나요? 왜 그렇다고 생각하나요? 왜 그렇지 않다고 생각하나요?

6장

인어 공주

줄거리

이 책에 실린 동화는 대부분 판본이 여럿인데, 〈인어 공주〉는 한스 크리스티안 안데르센 작품 하나뿐이다. 안데르센은 이야기에 기독교적 요소를 많이 집어넣는다. 이 이야기는 어린이에게 디즈니 영화로 알려져 있어 친숙한 편이다. 원래 이야기는 분위기가 어둡고 묘사가 풍부하다. 하지만 의아하게도 영화에 비해 폭력이나 싸움에 대한 묘사가 적다. 이 동화의 매력 중 하나는 바다, 바닷속 생물, 자연의 아름다움을 무척 자세하게 묘사했다는 점이다. 이야기에 디테일한 시각적 이미지가 가득해서 독자에게 색과 빛으로 가득한 경이로운 이미지를 선사한다.

이야기는 바닷속에 사는 어린 여섯 인어 공주의 등장으로 시작된다. 용왕과 그의 어머니가 공주들을 보살핀다. 안데르센은 흔들리는 바다 숲과 끊임없이 움직이는 짙푸른 파도 속에서 이들이 어떻게 살아가는지 묘사한다. 공주들은 15살이 되면, 수면 위로 올라가 지상 세계를 구경할 수 있게 된다. 해마다 기회를 얻은 공주가 바다 위 세계가 어떻게 생겼는지 올라가 보고 다시 내려와 자신이 본 것을 다른 공주들에게 말해준다.

막내 공주는 바깥 세계에 마음을 빼겨서 자신도 직접 경험해보고 싶어 견딜 수 없는 상태가 된다. 자기 차례가 되자, 그녀는 지상의 아름다움에 매료되어 그만 물 위에 떠 있는 배를 몰래 훔쳐보게 된다. 그 배에서는 왕자의 16번째 생일 축하 파티가 열리고 있었다. 격렬한 태풍이 몰아쳐 배가 뒤집히자 막내 공주는 왕자를 구해낸다. 그를 뭍으로 데리고 가서 곁을 지키다가 여자아이들이 다가오자 자리를 떠난다.

사람들과 어울려 지내며 잘생긴 왕자 곁에 머물고 싶어진 인어 공주. 그러나 그녀의 할머니는 그런 막내를 꾸짖는다. 인어는 300년을 살다가 물거품이 되어 사라지지만, 인간은 불멸의 영혼을 지니고 있어서 죽음 뒤에도 계속해서 살아간다고 했다. 인어와 인간은 서로 너무 다르다고 했다. 하지만 막내 공주는 이미 마음을 단단히 먹은 뒤였다.

그녀는 어둡고 으스스한 왕국에 사는 바다 마녀를 찾아간다. 왕국은 섬뜩한 곳으로 묘사된다. 인어 공주는 자신의 목소리를 마법의 물약과 교환한다. 마시면 꼬리가 두 다리로 변하고 목소리까지 잃는 약이었다. 바다 마녀는 그 다리로 걸으면 마치 단검 위를 걷는 듯한 통증이 느껴질 거라고 경고한다. 또 만약 왕자가 인어 공주를 진심으로 사랑하지 않고 신 앞에서 그녀와 결혼하겠다고 맹세하지 않는다면, 그녀는 죽어서 물거품이 될 거라고도 말해준다. 다시는 인어로 돌아올 수 없는데도, 인어 공주는 알겠다고 하고선 성 근처 해변가에 도착해 마법의 물약을 마신다. 깨어나 보니 두 다리가 생기고 엄청난 통증이 찾아온다.

왕자가 인어 공주를 발견한다. 그는 공주를 성으로 데려와 함께 즐거운 시간을 보내지만, 꼭 아끼는 반려동물을 대하듯 한다. 여기서 기억해야 할 점, 공주는 목소리를 잃어버렸다. 그녀는 잘 차려입고선 왕자가 사냥을 나가고 탐험을 떠날 때마다 따라다닌다. 인어 공주에겐 모험도 새롭게 탐험하는 곳도 소중하다. 왕자에게도 깊은 사랑을 느낀다. 하지만 왕자는 인어 공주를 좋아하긴 해도 사랑하진 않는다. 왕자가 미래의 신붓감을 찾을 때가 되어 이웃 나라를 방문하게 되자, 인어 공주는 왕자와 동행한다. 왕자는 신붓감을 찾느니 차라리 인어 공주와 같이 놀겠다고 해놓고서는 곧바로 이웃 나라 공주와 사랑에 빠져 결혼을 결심한다.

이야기 속에서는 배 위에서 치러지는 결혼식이 얼마나 아름다운지 달콤하게 묘사된다. 인어 공주가 할 수 있는 일이라곤 춤추는 것뿐이다. 두 다리로 매혹적이고 아름답게, 칼로 찌르는 듯한 통증을 느끼면서 말이다. 그날 밤 인어 공주의 언니들이 수면 위로 올라온다. 길게 출렁이던 머리카락을 바다 마녀에게 바치고 마법의 단검을 받아온 것이다. 만약 막내가 단검으로 왕자를 찌르면 다시 인어의 모습으로 돌아와 바다에서 살 수 있다. 그러나 인어 공주는 차마 그럴 수 없었다.

인어 공주는 단검을 바다로 던져버린다. 그러나 물거품으로 변하지 않고 바람의 정령이 된다. 다른 바람의 정령들이 인어 공주 주위로 몰려들어 만약 300년 동안 선행을 베풀면 영생을 얻게 된다고 말한다. 혹시 아이가 있는 집을 방문했는데, 아이들이 착하게 행동한다면 그것도 선행에 포함된다고 한다. 하지만 아이들이 잘못 행동하면 구원을 받기 위해 기다려야 하는 시간이 더 늘어나게 된다.

'그리고 모두 행복하게 살았습니다.'와 같은 깔끔하고 로맨틱한 영화 속 결말은 없다. 우스꽝스러운 믿음을 가진 사랑스럽고 귀여운 바다 생물도 없다. 단지 우리에겐 비극적인 이야기만 있을 뿐이다. 상대방이 알아주지 않는 사랑에 빠져 본인을 본인답지 못한 모습으로 몰고 가는 비극 말이다.

읽기 계획

이 이야기는 다양한 연령대의 사람들이 다양한 수준으로 읽고 탐구할 수 있다. 아래 탐구 주제 중에서는 모두가 접근할 만한 것도 있고, 고등학생이나 성인쯤 되어야 문제를 제기할 만한 진지한 주제도 있다. 긴 이야기인 만큼 탐구에 시간을 들이고 수업을 나눠서 진행하는 것도 좋다. 이야기 속 단어들이 모여 아름다운 이미지를 만들어내므로, 수업에 미술 활동을 넣는 것도 좋은 방법이다. 디즈니 버전으로 토론을 진행하고 싶은 마음이 들 수도 있지만, 서두르지 말 것!

탐구 주제

[모험]

인어 공주는 모험을 좋아하는 유형의 주인공이다. 누군가의 눈에는 비극적 인물로 보일 수도 있지만, 그녀는 눈앞에 놓인 어려움 속에서도 자신의 꿈을 따라 바다 너머로 나가 세상을 보았다. 아이들은 "모험을 떠나자!"라는 말에 긍정적으로 반응한다. 세상을 향한 자연스러운 호기심으로 인해 아이들은 모든 것을 보고, 듣고, 느끼고, 경험하고 싶어 한다. 무엇이 모험을 모험답게 만들까? 어떤 모험은 초대받으면 설레는데, 왜 어떤 모험은 마음부터 불안해질까?

* 연계 활동

○○로 모험을 떠나야만 할 때 필요한 것에는 무엇이 있나요?

모험을 떠날 장소	이걸 가져가야지!	이걸 봐야지!	이걸 해야지!	이건 모험이 아니야! 왜냐하면,
동물원				
놀이동산				
동네 해안가 혹은 공원				
할아버지네 집				
운동장				
낚시터용 호수				
백두산				
집 뒷마당				

* 토론 질문

1. 어떤 유형의 모험을 떠나고 싶은가요? 두 가지 예시를 골라 친구와 이야기를 나눠봅시다.
2. 활동이 모험으로 바뀌려면 어떤 요소들이 필요할까요? 핵심이라고 생각하는 것들을 모아 목록으로 작성해 봅시다.

3. 이미 잘 알고 있는 장소를 방문하는 것도 모험이 될 수 있을까요?
4. 혼자 떠나야 모험일까요, 같이 떠나야 모험일까요? 이유를 함께 말해 봅시다.
5. 모험을 떠나려면 용감해야 할까요?
6. 모험을 값지게 만들어주는 것은 무엇인가요? 별로인 것으로 만들어주는 것은 또 무엇인가요?

✱ 연계 활동: 모험에 꼭 필요한 요소를 묘사해보기

모험을 모험답게 만들어 준다고 생각하는 단어에 동그라미를 쳐 봅시다.

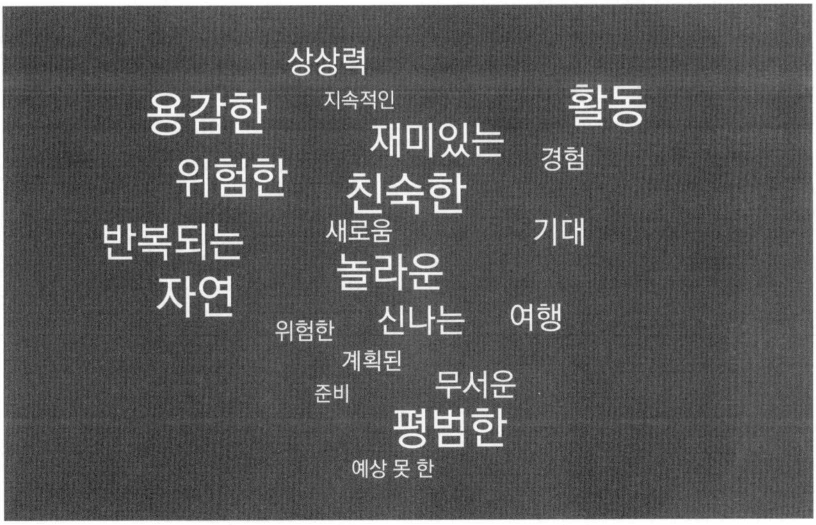

그 단어를 선택한 이유, 또 제외한 이유는 무엇인가요?

[소원]

인어 공주에겐 욕망이 많고, 그 욕망에 따라 선택을 내린다. 인어 공주에게는 수면 위로 올라가 바다 위 세상을 보고 싶은 욕망이 있다. 왕자를 더 알고 싶어 하고, 사람이 되고 싶어 하고, 왕자가 새로운 신부와 행복하게 살길 바라기도 한다. 왕자를 깊이 사랑하는데도 말이다. "간절히 소원을 빌어서 말이 생긴다면, 거지라도 말에 타겠다(If wishes were horses, beggars would ride)", 즉 '바란다고 해서 다 이루어지는 것은 아니다'라는 옛 속담이 있다. 이 말을 어떻게 해석할 수 있을까?

소원은 다양한 강도의 감정을 동반하는 인지 상태다. 소원은 사실이 아니지만, 사실이 되기를 바라는 반(反)사실적인 것을 말한다. 과거, 현재, 미래 모두 기대할 수 있다. 소원은 선택을 통해 행동으로 이끄는 강력한 기폭제가 될 수 있다.

소원은 동화 속에서 이야기를 이끌어가는 핵심 요소다. 다른 동화에서도 소원을 비는 주인공을 발견할 수 있다. 소원은 마법을 통해 이뤄지기도 하는데, 이 이야기에서는 그와 동시에 인어 공주의 개인적인 주체성이 강하게 드러난다.

✱ 토론 질문

1. 이야기 속에서 인어 공주는 소원을 몇 개 비나요? 모두 찾아 봅시다.
2. 소원과 아이디어의 차이는 무엇일까요?

3. 소원과 느낌의 차이는 무엇일까요?
4. 소원이라면 무엇이든 좋은 걸까요? 좋은/그렇지 않은 이유를 말해 봅시다.
5. 소원은 어떻게 이루어지나요? 소원이 이뤄지려면 무엇이 필요한가요? 예시를 들어 설명해 봅시다.
6. "말이 씨가 될 수 있으니 소원을 신중하게 빌어."라는 표현은 어떤 의미일까요?

✱ 연계 활동

아이들과 원을 만들어 빙글빙글 돌면서 소원을 말해보는 활동을 해 봅시다. 또는 소원을 종이에 적어 상자에 넣어보는 활동도 좋습니다. 이때 익명으로 적어도 됩니다. 단, 다른 사람에게 상처를 주는 소원을 빌거나, 못된 말을 하면 안 된다는 기본 규칙을 정하는 것이 좋습니다. 소원을 공유한 후 아래 기준에 따라 소원을 분류해봅시다.

이루기 쉬운 소원	이루기 어려운 소원
과거에 관한 소원	현재에 관한 소원
미래에 관한 소원	불가능한 소원
나에 대한 소원	남에 대한 소원

아이들이 말한 소원에 맞는 더 적절한 기준을 찾아보도록 합시다.

[차이]

인어와 인간의 차이는 〈인어 공주〉의 비극적인 주제 중 하나다. 특히 안데르센은 인어를 묘사할 때 불멸의 영혼이 없고 죽으면 단순히 사라진다는 의미에서 비인간, 혹은 비인격체로 묘사한다. 인간은 죽음 이후 어떤 방식으로든 바뀌어 살아가는데 말이다. 명시적으로 언급되지는 않았지만, 인어 공주는 이 차이 때문에 자신이 차선이라고 느끼는 것이 분명하다. 그래서 인간이 되기를 갈망하며, 그 마음이 두 다리를 갖고 뭍에서 사는 것으로 드러난다. 그녀는 인간이 되기 위해, 또는 인간이 된 것처럼 보이기 위해 깊은 고통과 고뇌를 받아들인다. 하지만 인간이 되기 위해서는 자기 존재의 핵심을 포기해야 한다. 인어 꼬리뿐만 아니라 목소리까지도.

목소리도 토론 주제 중 하나다. 여기서는 자신이 아닌 사람이 되려고 노력했다가 결국 성공 못 하는 이야기 속의 불안한 경고에 집중할 것이다. 이 주제는 무겁긴 하지만 어린이와 청소년, 성인이 매일 직면하는 주제기도 하다. '나로 산다는 것'이 '절대 변할 수 없다'라는 뜻은 아니지만, 도움이 되고 바람직하며 올바른 변화에는 한계가 있다. 심지어는 변화의 가능성에도 말이다. 청소년은 자아를 찾으려고 애쓰는 동시에 자신을 둘러싼 세상에 적응하려고 고군분투하기 때문에 이 주제에 특히 민감할 수 있다.

✱ 토론 질문

1. 인어 공주는 인간과 어떤 점이 다른가요?

2. 인어 공주는 왜 인간이 되고 싶어 하나요? 인간은 할 수 있는데 인어는 못 하는 것, 인간은 가졌는데 인어에겐 없는 것이 무엇인가요?
3. 인어 공주가 인간이 되었을 때 얻는 이익과 불이익에는 무엇이 있을까요?
4. '나 자신이 된다는 것'은 어떤 의미인가요?
5. 변했는데도 여전히 나일 수 있나요?
6. 모든 사람은 어느 정도는 제각기 다 다릅니다. 그렇다면 그 차이는 언제 중요해지나요? 예를 들어 설명해보세요.
7. 왜 우리는 다른 사람과 같아지려고 하면서 동시에 달라지려고 하는 걸까요?

✱ 연계 활동

아래 표에 빈칸을 채우고, 다른 사람들과 답변을 공유해보며 차이에 관해 생각해봅시다. 차이를 나타낼 수 있는 나만의 예시를 찾아봅시다.

다른 사람과 나를 구분 지을만한 특징	특징이 중요하게 여겨지는 곳	특징이 중요하지 않은 곳	바뀔 수 있는 특징인가요? 이유는 무엇인가요?
키			
노래 실력			
시력			

교실에서 소리 지르기			
수줍음 타기			
운동하기			
수학 공부하기			
농부 되기			
책 읽기			
이탈리아 사람 되기			
영어 하기			
고기 먹기			

[목소리의 힘]

인어 공주는 다리를 얻기 위해 혀를 잘라내는 고통을 겪어야만 했다. 이로 인해 아름다운 목소리로 말하거나 노래할 수 없게 된다. 눈빛과 춤으로 의사소통을 시도할 수 있긴 해도 목소리가 없으면 왕자와의 관계에 분명 방해가 된다. 그녀는 자신의 감정을 표현하기 위해 애쓰지만, 왕자는 인어 공주가 전달하려는 바를 분명하게 이해하지 못한다.

'들리지 않음' '목소리가 없음'이란 주제는 인종과 젠더 문제를 이끌어낼 수 있는 강력한 토론거리가 된다. 수 세기 동안 여성은 '제자리'를 지키기 위해 무시당하거나 사실상 침묵을 강요받아왔다. 이러한 현상은 오늘날에도 지속되고 있으며, 모국어를 모르는 유색인종이나 이주민이 해당 사회에서 불이익을 받는 경우에도 동일하게 적용할 수 있다. 그들은 '말할 수' 없다. 어린이도 마찬가지다. '어린이는 얌전히 있어야 한다'라는 말이 있듯이, 우리가 어린이에게 귀를 기울이지 않고, 어린이의 말을 진지하게 받아들이지 않는다는 점에서 이들도 목소리가 없는 존재다. 결국, "애들은 애들이다."

많은 경우 어린이에겐 자신의 욕구와 필요를 대변해줄 어른이 필요하다. 이야기 속에서 우리의 주인공은 왕자를 좇아갈 수 있는 다리를 갖기 위해 목소리를 포기한다. 이러한 선택은 페미니즘적 관점에서 보면 충격적인 메시지로 보일 수 있다. 여성은 남성에게 걸맞은 존재가 되기 위해 스스로를 변화시켜야 할까? 청소년이나 성인이라면 이 주제의 어두운 함의를 살필 수 있을 것이다.

✱ 토론 질문

1. 인어 공주는 왜 목소리를 포기했나요?
2. 인간과 소통이 불가능한 존재는 무엇일까요? 왜 그렇게 생각하나요?
3. 말할 수 없다면, 세상을 경험하는 방식에 어떤 영향을 받게 될까요?
4. 과거, 심지어는 오늘날에도 어떤 나라에서는 여성의 목소리가 제한되어 있습니다. 어디에서, 또는 언제 이런 일이 발생할까요? 예시를 찾아보고 친구들과 함께 토론해봅시다.
5. 어린이는 종종 자기 주장을 펼치지만 사람들이 잘 듣지 않거나 중요한 말로 여기지 않습니다. 이러한 사실을 통해 어린이에 관한 무엇을 알 수 있을까요? 어른에 관해서는요?

6. 말할 수 있지만 '들리지 않는' 존재가 또 있을까요? 해당되는 사례를 찾아보고 사례가 의미하는 바를 탐구해봅시다.

* 연계 활동

청소년이나 성인이라면 재산 소유, 진학, 이혼, 투표 등 모든 분야에서 여성이 스스로 결정하고 '목소리를 내는 것'을 막았던 법에 대해 알고 싶어 할지도 모릅니다. 존 스튜어트 밀과 메리 울스턴크래프트는 여성이 자신의 삶을 스스로 통제할 수 있어야 한다고 주장했습니다. 둘 다 영국 사람이며 18세기와 19세기에 인권을 옹호했습니다. 미국에서는 19세기에 페미니스트가 여성의 투표권을 옹호한 것을 볼 수 있습니다. 최근에는 아동의 권리 옹호(1959년에 발표된 유엔 아동 권리 선언 참조)가 있습니다. 이 활동을 통해 훌륭한 에세이 또는 포스터 프로젝트를 완성할 수 있을 것입니다. 동화와 연결 지어 생각해보려면, 여성이 말을 할 수 없거나 잠든 상태에서 행동(또 다른 형태의 수동성)하는 이야기를 찾아보는 것도 좋습니다.

[거절]

인어 공주는 왕자에게 거절당한다. 왕자에겐 본인이 인어 공주를 거절하고 있다는 자각도 없다. 왕자는 그녀가 자신을 깊이 사랑하고 있다는 사실을 이해하지 못하며, 단지 인어 공주를 소중한 반려동물 대하듯 한다. 하지만 인어 공주는 거절당했음을 뼛속 깊이 깨닫고 왕자로부터 사랑받지 못해 괴로워한다. 인어 공주의 시련은 더욱 처절해지지만, 우리 모두 알고 있다. 거절도 삶의 일부라는 것을. 다른 사람이나 세상으로부터 원하는 것을 모두 얻는 경우는 거의 없다.

거절당했을 때 대처하는 법을 배워야 회복탄력성이 생긴다. 인어 공주가 공기의 정령으로 변해 불멸하는 영혼을 약속받은 것이 일종의 상징일지도 모른다. 안데르센은 왕자와 결혼하느니 차라리 정령이 되는 게 더 나은 결과라고 생각했을지도 모른다. 하지만 현대 독자는, 으레 다른 동화에서 그렇듯이 왕자와 결혼하지 않는 결말에 실망했을지도 모른다.

✱ 토론 질문

1. 이 이야기에서, 인어 공주는 왕자와 결혼하는 데 실패합니다. 왕자가 인어 공주를 거절했나요? 거절했다면/그렇지 않다면 이유가 무엇인가요?
2. 왕자가 인어 공주를 거절하지 않았다고 보더라도, 인어 공주는 여전히 거절당한 건가요?
3. 왕자는 나쁜 사람인가요? 답변에 대한 이유를 함께 말해 보세요.
4. 누군가를 거절하는 것과 누군가에게 거절당한 것의 차이는 어떻게 설명할 수 있을까요?
5. 거절당하면 항상 안 좋은가요? 그렇게 답변한 이유는 뭔가요? 예시를 들어보세요.
6. 거절당한 기분이 들면 감정을 어떻게 다스려야 할까요? 도움이 될만

한 행동을 목록으로 작성해 봅시다.

7. 어떤 의미에서 거절은 우리에게 긍정적인 학습 경험을 제공할 수 있을까요?
8. 유명한 작가며 발명가 대다수가 거절당한 경험이 있습니다. 그들은 거절에 굴하지 않고 계속해서 작업을 이어나감으로써 결국 강해졌다고 주장하지요. '회복탄력성'의 의미를 탐구해보세요.

✱ 연계 활동

아래 표에 거절당하는 상황이 나열되어 있습니다. 빈칸을 채우고 친구들과 토론해봅시다. 각 모둠은 모든 학생이 토론할 만한 '거절당하는 상황'을 하나 추가해야 합니다.

거절당하는 상황	취해야 할 행동	공정한가요, 불공정한가요? 어떤 맥락인지 구체적으로 설명해 보세요.	좋은 경험이 될 수 있을까요?
도훈이가 1지망 대학에 입학하지 못했다.			
민재 여자 친구가 민재의 제일 친한 친구와 바람이 나서 민재를 떠났다.			
세미가 원정 축구 팀에 들어가지 못했다.			

혜서는 언제나 순서가 마지막이다. 이름 첫 글자가 'ㅎ'이기 때문이다.			
은지가 통금 시간을 넘겨 콘서트에 가려고 하는데 부모님이 안 된다고 한다.			

['그리고 행복하게 살았습니다'?]

이 동화의 결말은 행복한가, 슬픈가? 비극적인 이야기인가, 혹은 참된 동화인가? 아이들에게 결말에 대해 어떻게 생각하는지 공유해보게 하자. 만약 왕자가 인어 공주와 결혼했다면, 더 나은 결말일까? 만약 왕자를 죽이고 인어 공주로 돌아갔다면, 행복한 결말이 될까?

* 연계 활동

같은 주제를 청소년에게 공유해보고 어떻게 생각하는지 들어봅시다.

7장

일곱 마리 까마귀

줄거리

동물의 변신은 동화에서 꽤 흔하지만, 이 이야기는 그다지 잘 알려져 있지 않다. 아들을 7명이나 둔 어떤 남자가 있었는데, 그는 진심으로 딸을 갖고 싶었다. 자기 아내가 또 임신했을 때 그는 딸을 낳기를 바랐는데, 희망대로 여자아이가 태어났다. 태어난 아기가 건강이 매우 안 좋아 보여서, 부부는 그 아기에게 곧바로 세례를 받게 하고 싶었다. 그래서 그는 아들 한 명을 우물로 물을 길으러 보낸다. 나머지 여섯 명도 그를 따라간다. 그런데 그들은 우물가에서 누가 먼저 양동이를 내려 물을 길어 올리는지 경쟁하게 된다. 그러다가 놀랍게도 그들은 심부름을 까먹는다.

초초하게 기다리던 아버지는 아들들이 노는 데 정신이 팔려있다는 것을 눈치채고는 화가 나서 그들 모두에게 까마귀로 변해버리라는 저주를 퍼붓는다. 새가 날개를 퍼득이는 소리를 듣고 하늘을 올려다본 아버지는 멀리 날아가는 일곱 마리의 까마귀를 발견한다. 그러나 자기의 주문을 취소하거나 달리 해결할 방법이 없다. 말이 씨가 될 수도 있다는 게 이런 경우일 것이다.

다행히 딸은 살아남아 예쁘고 착하게 자란다. 그녀의 부모는 딸이 속상할까봐 오빠들에 대해 전혀 언급하지 않는다. 그러나 다른 사람들은 딸 때문에 그 아들들이 그런 끔찍한 운명을 겪는 거라고 수군댄다. 부모는 일곱 형제가 까마귀로 변하긴 했지만 그것이 그녀의 잘못은 아니라며 딸을 달랜다. 하지만 딸은 자신이 정말로 이 불행의 원인이라고 느끼고 오빠들을 찾기로 결심한다. 그녀는 부모님을 떠올릴만한 작은 반지를 끼고, 빵 한 덩어리와 물만 조금 챙기고는 거친 세상을 향해 떠난다.

딸이 제일 먼저 마주친 것은 태양인데, 너무 뜨거워 먹힐 것 같았다. 다음에는 달을 만났는데 너무 춥고 무서웠다. 딸이 별들을 만났을 때, 그들은 다정하고 친절했다. 아침별은 그녀에게 작은 소원뼈(wishbone: 닭의 장골, 영미권에서는 희망의 뼈, 소원뼈 등으로 불리며 이 뼈를 이용해 소원을 비는 의식이 있다.) 하나를 주면서, 그 뼈가 유리산을 여는 데 도움이 될 것이라고 말해 준다. 우리의 주인공은 그 작은 뼈를 조심스럽게 천으로 감싼 후에 다시 길을 떠난다.

그녀가 유리산에 도착했을 때 문이 잠겨 있는 것을 발견하고 가져간 천을 열었지만, 소원뼈가 미끄러져 빠져 나가버린다. 어떻게 해야 하나? 딸은 자신의 작은 손가락을 열쇠처럼 사용해서 문을 연다. 그곳에서 그녀는 난쟁이를 만난다. 난쟁이는 일곱 마리의 큰 까마귀가 지금은 집에 없지만 곧 돌아올 것이라고 말해 준다. 난쟁이는 음식 접시와 와인 컵으로 식탁을 차린다. 배고픈 소녀는 접시마다 한 입씩, 그리고 각 컵에서 한 모금씩 먹고 마지막 컵에는 반지를 넣어 둔다.

큰 까마귀들이 날아 들어와 식사를 시작하지만, 그들은 곧 누군가가 접시와 컵마다 한 입씩 베어 물고 한 모금씩 마신 것을 알아차린다. 누가 내 접시의 음식을 먹은 거지? 누가 내 컵의 와인을 마신 거지? 그들은 마지막 컵에 담긴 반지를 발견하고는 그 반지가 엄마의 반지라는 것을 알아챈다. 여동생이 이곳에 있다면 그들은 구출될 것이다. 딸이 문 뒤에서 뛰어나오자 큰 까마귀들은 다시 소년으로 돌아온다. 소녀와 오빠들은 서로 껴안고는 다 함께 집으로 돌아온다.

읽기 계획

남자아이들이 백조나 다른 종류의 새들로 변해서 여동생이 희생하여 그들을 구출하는 동화는 많지만, 이 이야기는 참여자들에게 신선한 이야기일 수 있다. 이 상상의 이야기에 있는 마법, 동물의 변화, 그리고 사랑의 특징은 어린이와 청소년 모두에게 매력적이다.

이 이야기를 둥글게 둘러앉아 큰 소리로 읽어주거나 참여자들이 서로 나누어 읽도록 한다. 토론하거나 주제를 탐색할 기회가 있다면 이야기가 진행되는 동안 잠시 멈추어 보라. 여러분의 생각과 다른 내용을 이야기한다 해도 당황하지 말고 참여자들이 이끄는 대로 탐구의 방향을 설정하도록 노력하라.

탐구 주제

[잘못된 행동]

이 이야기의 시작에서 아버지는 아들 중 한 명에게 중요한 일을 맡겼다. 하지만 일곱 아들 모두가 할 일은 하지 않고 놀고 있다고 확신했기 때문에 아버지는 화가 났다. 실제로 아들들은 서로 밀치면서 양동이를 우물 아래로 내려 누가 먼저 우물물을 길어 올리는지 경쟁하고 있었다. 우리는 그들이 행동을 잘못했다고 말할 수 있을 것이다.

아이들은 행동 규범을 잘 알고 있으며 잘못된 행동으로 인해 규범을 어겼을 때는 종종 벌을 받는다. 누가 이 행동 규범을 만드는가? 우리는 규범이 무엇인지 어떻게 아는가? 어떤 것이 문화적 규범이고 어떤 것이 더 넓은 의미의 윤리적인 규범인가?

✱ 토론 질문

1. 아들들이 물을 서로 빨리 길어 올리려고 한 것은 잘못된 행동인가요? 아니면 모두가 도우려고 한 행동일까요?
2. 누군가가 그렇게 하려는 의도 없이 잘못된 행동을 할 수 있나요?
3. 만약 아무도 여러분이 잘못된 행동을 했다는 것을 모른다면, 여러분은 그런 행동을 해도 되나요? 왜 그렇게 생각하는지 설명해 보세요.
4. 행동 규범은 어디에서 나오나요?
5. 행동에 대한 다른 규범이 있나요? 예를 들어 설명해 보세요.
6. 행동 규범은 중요한가요? 왜 중요한가요?
7. 어떤 잘못된 행동은 다른 어떤 잘못된 행동보다 더 나쁜가요? 그렇게 생각한 이유와 예를 들어보세요.
8. 행동 규범은 좋은 태도와 같은 것인가요?
9. 좋은 태도는 좋은 사람이 되는 것과 관련이 있나요? 왜 그런가요, 아니면 왜 그렇지 않나요?

[바라는 것들]

이 이야기에서 아버지는 아들들이 심부름을 신속하게 수행하지 않자 무심코 그들을 까마귀로 변하게 한다. 무언가를 바라는 것은 인지적이고 정의적인 차원이다. 우리는 존재하지 않거나 가지지 못한 어떤 것을 생각하고는 그것을 실제로는 가지고 있는 것처럼 간주하는 경향이 있다. 소원은 촛불을 불어 끄면서 비는 생일 소원처럼 단순할 수도 있고, 할머니가 낫기를 바라는 것처럼 복잡할 수도 있다. 소원은 욕망에 사로잡힐 정도로 우리를 소모시키기도 하고, 소원 성취로 이어져 참된 변화가 일어나도록 동기를 부여하기도 한다.

이 이야기에서 화가 난 아버지는 처음에 아들들이 까마귀가 되어 날아가 버리기를 바란다. 불행하게도 아버지의 소원이 이루어지는 바람에 그는 금방 후회하게 된다. 마법은 우리 삶에 실제로 존재하는 힘은 아니지만, 소원에 의한 불행한 결과는 매우 현실적일 수 있다.

* 토론 질문

1. 아버지는 아들들이 까마귀로 변하기를 원했습니다. 여러분은 그가 정말로 이런 일이 일어나도록 의도했다고 생각하나요? 왜 그렇게 생각하나요?
2. 소원의 본질을 어떻게 표현할 수 있나요?
3. 여러분은 소원을 얼마나 많이 떠올릴 수 있나요? 생일 소원이나 달에

게 비는 소원 등과 같이 예를 들어 보세요.

4. 여러분은 이미 일어난 일에 대한 소원도 빌 수 있나요?
5. 소원은 좋은 것인가요, 나쁜 것인가요? 우리는 어떻게 좋은 소원과 나쁜 소원을 구별할 수 있을까요?
6. 소원을 이루는 방법에 대한 예를 들어 보세요.

* 연계 활동

다음 표를 채우고 다른 사람들과 함께 각자의 사례와 이유에 대해 토론해 보세요.

소원의 예	어른, 아이, 또는 십 대들이 이것을 바랄까요?	좋은 소원인가요? 왜요?	나쁜 소원인가요? 왜요?	이것이 실현될 수 있을까요? - 그렇게 생각한 이유는 무엇인가요?
나는 새 차를 갖고 싶다.				
나는 원정 축구팀에 뽑히고 싶다.				
나는 선생님이 아파서 수업이 취소되면 좋겠다.				
나는 10억을 가지고 싶다.				

나는 태닝이 멋지게 잘되면 좋겠다.				
나는 10cm만 더 크면 좋겠다.				
나는 아들이 대학에 합격하면 좋겠다.				
나는 죽고 싶다.				
나는 강아지를 가지고 싶다.				
나는 엄마가 늦게까지 밖에 있어도 된다고 허락하셨으면 좋겠다.				

[책임]

어린 소녀는 오빠들의 곤경에 책임감을 느꼈다. 자신이 아픈 아기로 태어나서 부모님이 빨리 세례를 주려고 오빠들에게 물을 길어 오라고 했기 때문이다. 하지만 이 일은 자신이 오빠들에게 부탁한 건 아니다. 아기가 이 모든 것을 책임질 수 있을까? 우리는 언제 우리의 행동에 책임을 질 수 있을까? 책임감을 느낀다는 것은 그만큼 책임이 있다는 의미일까?

이 질문들은 어린이와 청소년과 함께 탐구해야 할 중요한 질문이다. 그러나 어른들 또한 개인적인 책임의 범위를 결정하는 데 어려움을 겪는다.

✱ 토론 질문

1. 어린 소녀가 실종된 형제들에 대해 알게 되었을 때, 그녀는 오빠들이 까마귀로 변한 것에 대해 매우 책임감을 느낍니다. 그렇게 되기를 바란 아버지도 아들들을 잃은 것에 대해 안타까워합니다. 이 등장인물들 중 어느 쪽이 이 일에 대해 더 책임이 있다고 생각하나요?
2. 여러분은 의도하지 않은 일이나 의도하지 않은 행동에 대해 책임을 질 수 있나요?
3. 어떤 일이 일어나기를 원했지만, 그에 따라 행동하지 않았다면 그때에도 책임을 져야 하나요? 즉, 소원대로 이루어진 우리의 생각과 감정에 대해서도 책임질 수 있나요?
4. 아기도 무엇인가에 대해 책임질 수 있을까요? 왜 그런가요? 또 왜 그렇지 않나요?
5. 우리는 어떤 행동이나 행위에 대한 책임을 언제, 누구에게 물어야 하나요?
6. 아무도 책임지지 않는 일이나 행동이 있나요?
7. 책임을 지는 데 어떤 것이 더 중요한가요? 그 행동을 일으킨 사람인가요? 아니면 그런 일을 발생시킨 의도인가요? 아니면 둘 다 똑같이 중요한가요?

✱ 연계 활동

다음 표를 사용하여 책임에 대해 논의해 봅시다.

(참고: 이러한 사례 중 일부는 청소년들이나 어른들에게 더 적합할 수 있습니다. 여러분 모둠에서 이 사례가 불편하다면 다른 시나리오로 대체할 수 있습니다.)

행동	책임져야 할 사람과 책임져야 할 일은 무엇인가?	그들은 칭찬을 받아야 하는가, 비난을 받아야 하는가, 아니면 전혀 책임이 없는가?	여러분의 이유
카드를 할 때 조커 선택하기			
태풍으로 홍수가 나서 해안가 바로 옆에 있는 은우네 집이 잠겼다.			
선생님은 수학에서 지우를 낙제시켰다.			
수아는 인기 있는 소셜 미디어 계정에서 헤어진 친구를 놀린다.			
선우가 소셜 미디어에 아이들과 동물을 비난하는 글을 올렸다는 이유로 여름 캠프 운영진은 선우를 고용하지 않기로 결정했다.			
지수는 올겨울 들어 세 번째로 장갑을 잃어버렸다.			

윤서는 그녀의 부모님이 백신 접종을 해주지 않았기 때문에 홍역에 걸렸다.			
준서가 서둘러 집에 들어가려다 문을 완전히 닫지 않아 그의 개가 도망갔다.			
준서의 엄마는 개가 뒷문에서 짖지 않고 나가도록 뒷문을 열어 두었다.			
준서의 강아지인 보리는 기회만 있으면 거리로 뛰쳐나갔다.			
태오는 코치를 돕기 위해 경기 후에 모든 스포츠 장비를 정리했다.			
서윤이는 학교 오케스트라에서 악장 자리를 맡았다.			

[까마귀와 새]

큰 까마귀(ravens)는 까마귀(crows)보다 더 크고 아름다운 검은 새다. 새들은 항상 하늘 높이 나는 능력으로 인간을 매료시켜 왔다. 고대인은 그들을 신으로부터 온 전령사로 혹은 단순히 일반적인 전령사로 보았다. 로마인들은 점술 연습으로 새의 내장을 연구했다. 어떤 사람들은 그들이 어디에서 이 아이디어를 얻었는지 궁금할 것이다.

이것은 철학적 주제에 합당하지 않을 수 있지만 동물의 세계를 더 잘 이해하기 위해 동물에 대해 더 많이 배우는 것은 흥미로운 일이다. 우리는 다른 동화에서 새를 탐구한 적이 있지만 이 동화에서는 매우 특별하기 때문에, 새를 중심으로 한 프로젝트를 개발하고자 한다.

✱ 프로젝트: 새에 대한 연구

아들들은 아버지가 불길한 소원을 말하자 까마귀로 변합니다. 여러분은 새가 되고 싶은가요? 왜 그런가요, 혹은 왜 아닌가요? 여러분은 큰까마귀와 같은 새에 대해 무엇을 알고 있나요? 까마귀와 검은지빠귀(blackbirds), 그리고 큰까마귀는 무엇이 다른가요? 이런 종류의 새들에 대한 정보를 찾을 수 있는지 알아보고, 사람들이 이해할 수 있도록 그림책이나 포스터를 만들어 보세요. 아래의 질문과 주제를 중심으로 계획해 보세요.

- 이 새들은 어디에 살까요?
- 그들은 무엇을 먹고 어떤 종류의 둥지를 만드나요?
- 알과 새끼를 어떻게 알아볼 수 있나요?
- 인간은 이러한 다른 종류의 새들과 어떻게 관련되어 있나요?
- 이 새들 중에 어떤 새가 멸종 위기에 처했나요?
- 이 새들이 얼마나 똑똑한지 우리가 아는 방법이 있나요?
- 이 새들 중에 어떤 것이 기르기에 좋은 동물인가요? 왜 그런가요? 혹은 왜 아닌가요?
- 새들은 유해 동물인가요? 아니면 인간과 다른 동물들에게 가치 있는

공헌을 하고 있나요?

- 우리는 새들에게 관심을 가져야 하나요?

[여행]

이 이야기에서 몇 살인지도 알 수 없는 어린 소녀는 형제들을 구하려는 희망을 가지고 위험한 여행을 떠난다. 계획 없이, 필요한 물자도 거의 없이 빈손으로 오빠들을 찾기 위해 혼자 떠난다. 우리는 우리 아이들이 스스로 멀리 떠나기를 바라지는 않지만, 이 이야기의 마법에 뛰어드는 소녀의 용기 있는 태도에는 감탄한다. 이 소녀가 청소년이나 소년이 아니라 모험을 하는 어린 소녀라는 점이 중요할 수 있다. 소녀들도 모험을 할 수 있다! 어떤 식으로든, 우리 모두는 인생이라는 여행을 떠난다.

✱ 토론 질문

1. 왜 소녀는 집을 떠나나요? 그리고 그녀가 지니고 가는 물건은 무엇이며 왜 중요한가요?
2. 자신이 어디로 가는지 모른 채 여행을 떠날 수 있는 사람이 있나요?
3. 여행은 모험이나 관광과 같나요, 아니면 조금 다른가요? 여러분의 응답을 설명하세요.
4. 얼마나 오래 걸려야 진정한 여행이 될까요?
5. 모든 여행은 공간을 통한 물리적 여행인가요?

6. 어떤 사람들은 '인생은 여행이다'라고 말합니다. 동의하나요?
7. 여러분은 여행을 가본 적이 있나요? 여러분의 여행에 대해 짧은 문단이나 에세이를 써 보세요.

[희생]

우리의 여주인공은 무서운 해와 달을 용감하게 물리친다. 둘 다 아이들을 잡아먹을 것처럼 보인다. 소녀는 유리산으로 들어가기 위한 열쇠를 만들기 위해 결국은 자신의 작은 손가락을 희생한다. 그녀는 기꺼이 고통을 감수하여 오빠들을 살리기 위해 신체의 일부를 포기한다. 이것은 이야기에서 놀라운 전환이지만 오빠들을 구하고 싶은 소녀의 깊은 열망을 보여준다는 점에서 중요하다. 아마도 소녀는 원래의 그 마법이 자기 때문이라고 믿고 있는 것 같다.

동화에는 다른 사람을 구하기 위해 희생하는 이야기가 자주 등장한다. 하지만 우리는 또한 자신을 위한 희생도 알고 있다. 신데렐라에 나오는 두 이복자매의 예를 생각해 보라. 모든 희생이 감동적인 건 아니다.

✱ 토론 질문

1. 어린 소녀는 형제들을 구하기 위해 무엇을 희생하나요? 이것을 보고 우리가 알 수 있는 그녀의 성격은 무엇인가요?
2. 아들들은 까마귀로 변했을 때 인간의 모습을 잃었습니다. 그들은 어

떤 것을 희생한 것인가요? 왜 그런가요, 아니면 왜 그렇지 않나요?

3. 희생에는 용기가 필요하나요? 왜 그런가요, 아니면 왜 그렇지 않나요?
4. 희생이 나쁜 일이 될 수 있을까요? 설명해 보세요.
5. 사람들이 희생하는 것을 본 적이 있나요? 아는 사람이나 역사 또는 뉴스를 참고할 수 있습니다.

8장

신데렐라

줄거리

신데렐라만큼 유명한 동화는 없을 것이다. 그런데 이 이야기에는 여러 판본이 있다. 샤를 페로 판본은 디즈니 영화의 영감이 되었는데, 요정 대모가 등장하고, 결말에서 신데렐라가 못된 새언니들을 궁전으로 초대해 함께 산다.

그림 동화 판본과는 확연히 다르다. 그림 형제 이야기도 첫 시작은 신데렐라가 사랑하는 어머니를 잃게 되는 장면이다. 신데렐라가 착하게 살면 엄마가 천국에서 신데렐라를 지켜줄 것이라고 약속하면서 말이다. 천국에 관한 언급은 그림 형제 이야기가 기독교적 주제를 담고 있다는 것을 보여준다. 신데렐라의 아버지는 새로운 아내를 맞아들이는데 새언니가 둘이나 있다. 새언니들은 꽤 예쁘지만 못된 성격이다. 신데렐라의 옷과 장난감을 뺏어가고 신데렐라를 주방으로 쫓아내 하녀로 부린다.

다른 동화처럼, 신데렐라의 아버지는 아무 행동도 하지 않는다. 아버지가 장에 갈 때마다 새언니 둘은 예쁜 물건을 사달라고 조르지만, 신데렐라는 나뭇가지를 가져다 달라고 부탁한다. 그래서 아버지는 신데렐라에게 헤이즐 나무에서 꺾은 가지를 가져다준다. 그녀는 그 가지를 엄마의 무덤가에 심었다.

왕이 왕자의 신붓감을 찾기 위해 3일간 무도회를 연다. 두 새언니는 무척 들뜬다. 신데렐라가 무도회에 가도 되냐고 물어보자, 그들은 신데렐라를 축제에 못 가게 하려고 불가능한 일들을 연속으로 준다.

예상했겠지만, 신데렐라에게는 동물 친구들이 있다. 그녀의 타고난 다정함 덕분이다. 하늘에서 새들이 날아와 신데렐라가 재 속에서 렌틸콩을 솎아내는 일을 돕는다. 그 덕에 신데렐라는 일을 성공적으로 끝마치지만, 새엄마와 새언니는 신데렐라를 집에 두고 가 버린다. 신데렐라는 헤이즐 나무를 찾아가 "금과 은을 저에게 내려주세요."라고 빈다. 나무는 신데렐라의 소원을 기꺼이 들어준다. 신데렐라는 예쁜 은색 드레스에 황금빛 구두를 신고 무도회에 간다.

신데렐라가 무도회에 도착하자 모두가 그녀의 아름다움에 감탄한다. 왕자는 저녁 내내 신데렐라와만 춤을 추었다. 자정이 되자 신데렐라는 무도회를 빠져나와 서둘러서 집으로 돌아간다. 나무에게 드레스를 돌려주고 그을음이 묻은 자신의 원피스를 입기 위해서였다. 이런 상황이 두 번 더 반복된다. 신데렐라의 드레스는 점점 더 정교해지고 빛이 난다. 세 번째 밤에 왕자가 계단에 끈끈이를 발라놓는데, 그 때문에 신데렐라의 앙증맞은 구두가 벗겨진다. 그림 형제 판본에서는, 무도회에 참석한 아버지가 "혹시 신데렐라가 아닐까?" 하고 생각한다.

다음 날 아침, 왕자는 왕국의 모든 아가씨를 찾아가 구두의 주인을 찾으려 한다. 새언니 둘이 구두를 신어본다. 첫째 언니는 발가락이 너무 커서 구두를 신지 못한다. 새엄마는 발가락을 잘라내라고 설득하고, 첫째 언니는 정말로 그렇게 한다. 왕자가 가짜 신부와 떠나려고 하자, 새들이 신발에 묻은 피를 보라고 알려주며 속임수를 폭로한다. 둘째 언니가 발뒤꿈치를 잘라내자, 새들이 또다시 경고를 한다.

왕자는 혹시 딸이 더 있냐고 물어보고, 아버지는 신데렐라가 있다고 말하지만 보잘것없는 아이라 별로 중요하지 않다고 말한다. 신데렐라가 얼굴과 손을 씻고 나타나자, 왕자는 남루한 옷차림에도 불구하고 그녀를 알아본다. 왕자와 신데렐라가 떠날 준비를 하자, 새들이 이번에는 왕자가 제대로 찾아냈다며 환호를 보낸다. 이야기는 둘의 결혼으로 끝이 나는데, 질투심 많은 새언니들이 결혼식장에 들어오고 나갈 때, 새들이 다시 등장해 눈을 쪼아대는 것으로 마지막 문장이 마무리된다.

그림 형제 판본에서는 흥미로운 패턴이 있다. 이야기 속에서 사건이 세 번 반복된다는 점에 주목하라. 동화에서 찾아보기 쉬운 패턴이다. 자매가 세 명이고, 신데렐라에게 무도회에 갈 기회가 세 번 주어지고, 왕자가 3일 동안 춤을 추면서 신붓감을 고른다. 새는 죽은 어머니의 조력자이자 메신저 역할을 두드러지게 해낸다. 신데렐라는 자연과 친밀하다. 동물들은 힘을 모아 인간의 잔인함에 맞서 신데렐라를 도와준다. 다정함이 승리하고 악은 벌을 받는다.

적정 연령

워낙 유명하고 친숙한 동화이다 보니, 많은 아이들이 이야기를 읽고 즐거움을 느낄 것이다. 판본이 꽤 다양하다. 어떤 이야기는 그림 형제의 판본처럼 내용이 덜 끔찍하기도 하고, 신데렐라의 이야기 형식을 여러 문화권에서 찾아볼 수 있기도 하다. 신데렐라 이야기는 셀 수 없이 많은 영화와 이야기에 영감을 주었는데, 착한 아가씨가 고생하다 왕자에게 구원받는 형식은 유지된다.

판본을 선택할 때는, 이야기의 뉘앙스를 탐구할 수 있는 것으로 고르라. 유치원생이나 고등학생 등 대상에 맞게 판본을 선택하거나, 아이들의 흥미에 따라 책에서 제안된 탐구 주제를 선별함으로써 탐구를 조정할 수 있다.

읽기 계획

언제나 그렇듯이, 이야기를 새롭게 다시 읽고 아이들에게 흥미롭거나 논쟁을 일으킬 만한 단어, 사건, 생각을 적어보게 하라. 철학할 때는, 이야기에 머무르는 것이 그리 중요하지는 않다. 생각이 우리를 이끄는 대로 따라가다 보면, 심지어는 이야기와 아무 상관없는 곳에 도착하기도 한다.

그림 형제 판본에서는 못된 새언니를 벌주기 위한 폭력이 노골적으로 묘사되어 있는데, 어린이라면 소름 끼치는 매력을 느낄지도 모른다. 청소년이라면 기괴하고 여성을 비하하는 듯한 구혼 의식에 의문을 제기할 수도 있고, 새를 바라보는 인간의 관점과 새가 생태학적 차원에서 우리 삶에 기여하는 바에 대해 토론하고 싶어 할 수도 있다. 아이들의 의견과 질문이 어디로 흘러가는지 기꺼이 따라가되, 대화가 동화를 벗어나는 것을 지나치게 신경 쓰지 않아도 된다.

탐구 주제

[질투]

질투는 우리 모두 겪는 감정이다. 형제자매가 있다면, 확실히 자기 형제나 자매가 편애받는다고 생각하는 경향도 있다. 〈신데렐라〉에서는, 새언니들의 행동 방식이 신데렐라를 향한 질투의 신호가 될 수 있다. 아버지가 보기에 둘은 신데렐라를 하녀 취급하려고 안달이 나 있다. 질투는 자신과 다른 사람을 부정적으로 비교하게끔 만드는 복잡한 감정이다. 질투가 우리를 성장시키는 데 긍정적으로 작용할 수 있을까? 아니면 상대방을 비하함으로써 내 기분을 좋게 만들어주기만 하는 것일까?

✻ 토론 질문

1. 새언니들이 신데렐라를 질투한다고 생각하나요? 그렇다면/아니라면 왜 그런가요?
2. 이들도 질투의 대상이 될 수 있을까요?
   1) 고양이
   2) 나의 언니/누나/형/오빠/남동생/여동생
   3) 선생님
   4) 가장 친한 친구

5) 대통령

6) 기차에서 처음 본 사람

7) 부모님

3. 질투가 나지만 안 그런 척 행동할 수 있을까요?
4. 질투가 안 나는데 질투 나는 것처럼 굴 수 있나요?
5. 모르는 사람을 질투할 수 있나요?
6. 질투심 느끼기와 질투하는 척하기 중에 뭐가 더 최악인 것처럼 느껴지나요? 왜 그런가요?
7. 질투심을 느끼면 나쁜 걸까요? 만약 나쁘다면, 왜 그런가요?

✱ 연계 활동

공통으로 질투를 유발하는 요인에는 무엇이 있을까요? 아래 단어 중 질투를 설명하는 데 도움이 되는 것을 골라봅시다.

[새]

이 이야기에서는 새의 역할이 두드러진다. 새들은 신데렐라를 지원해주고, 렌틸콩을 솎아낼 수 있도록 여러 번 도와주고, 왕자가 신부를 두 번이나 잘못 데려간다고 알려준다. 마지막에 새들은 새언니들의 눈을 잔인하게 쪼아대며 벌을 준다. 새들은 우리가 사는 땅과 천사가 사는 하늘의 중간 세계에 머무르는 것처럼 보인다.

우리에게 새는 봄의 전령일 뿐만 아니라, 기후 변화의 위험성을 알려주는 역할이기도 하다. 1961년 생물학자 레이첼 카슨은 〈침묵의 봄〉이라는 책을 출간했다. 책에서 살충제의 위험성과 살충제가 새나 여러 동물을 죽이는 과정이 강조되었다.

* 토론 질문

1. 동화 〈신데렐라〉에서 신데렐라는 종종 새들에게 도움을 요청하는데, 어떤 종류의 새들이 신데렐라를 도와주나요?
2. 새들이 신데렐라를 몇 번 도와주나요?
3. 이 이야기에서는 비둘기가 등장합니다. 이야기 속에서 비둘기가 상징하는 바가 무엇이라고 생각하나요?
4. 왜 우리는 새에게 매력을 느낄까요? 새가 되고 싶었던 적이 있나요? 만약 그렇다면/아니라면, 왜 그런가요?
5. 새끼리 서로 의사소통을 할 수 있을까요? 가능하다면, 어떻게 가능한

가요?

6. 앵무새나 잉꼬가 인간의 말을 할 때, 어떤 의미인지 알고 말하는 걸까요?
7. 새는 살아 있습니다. 우리가 새를 도덕적으로 유의미하게 대해야 할까요? 만약 그렇다면/아니라면, 왜 그런가요?
8. 결말에서 새들이 옳은 일을 했다고 생각하나요? 어떻게 생각하는지 토론해 봅시다.

* 연계 활동

우리 동네에 사는 새를 하나 골라, 그 새의 모든 것을 모조리 조사해봅시다. 포스터를 만들어 친구들과 공유해봅시다. 포스터에는 새의 무늬, 행동 특성, 둥지, 다른 새와의 관계 같은 것들을 넣습니다. 내가 조사한 새는 토종인가요, 혹은 다른 생태계에서 유입된 종인가요?

새의 지능을 목록화하고, 그 내용을 포유류, 인간과 비교해봅시다. 자료 조사를 위해 온라인에서 다음과 같은 기사를 참조할 수 있습니다.

"왜 까마귀가 지구에서 가장 똑똑한가" 아멜리아 스타이맥스 씀.

https://news.nationalgeographic.com/2018/03/year-of-the-bird-brains-intelligence-smarts

"새 IQ 검사: 연구자가 새의 지능을 검사한 8가지 방법" 국제 오듀번 연합 기사.

https://www.audubon.org/news/bird-iq-tests-8-ways-researchers-test-bird-intelligence

만약 새가 똑똑하다면, 우리는 새를 지금과는 다르게 대우해야 할까요?

[반복되는 3]

앞서 언급한 것처럼, 이 이야기에서는 많은 것이 세 번 반복된다. 동화 속에서 등장하는 형제가 셋이거나, 문이 셋이거나, 소원이 셋인 것은 흔한 일이다. 3은 대안을 나타내기도 하고, 세 번의 기회를 뜻하기도 하고, 서로 간의 대조를 알리는 장치로 볼 수 있다. 아이들에게 반복되는 패턴에 주목하게끔 유도하고, 얼마나 많은 동화에서 3을 수단으로 사용하는지 조사해보게 하면 무척 흥미로워할 것이다. 만약 다수의 인원과 탐구를 시도한다면, 아이들을 짝지어서 이야기를 살펴보게 하고 다음 과제를 수행해보도록 하라.

* 연계 활동

〈신데렐라〉에서, 우리는 3이란 숫자가 반복해서 등장한다는 사실을 알 수 있습니다. 이야기 속에서 숫자 3이 등장하는 장면을 얼마나 많이 찾을 수 있는지 확인해보세요. 왜 숫자 3이 반복해서 사용되었을까요? 힌트: 최소한 7가지 장면이 넘습니다.

[친구·연인 선택하기]

동화 속 왕자님은 3일간 열리는 무도회에서 신붓감을 고른다. 이 과정은 평생의 반려자를 고르기엔 다소 부적합해 보일 수 있다. 역사에 걸쳐, 귀족이나 부유층이라면 사랑에 빠져 결혼하기보다 결혼을 경제적 · 정치적 계약으로 여겼다. 우리는 왕자의 성격에 대해 거의 모른다. 왕자에 관해 무엇을 알 수 있을까? 만약 아이들이 흥미를 보인다면, 왕자가 공주를 고르는 기준을 탐구해보자. 이를 우정에 적용해서 생각해볼 수도 있다.

✱ 토론 질문

1. 왕자가 공주를 선택하는 기준은 무엇인가요? 그의 행동에서 얼마나 많은 기준을 찾아낼 수 있나요? (가능한 답변: 공주의 미모, 옷차림, 춤 실력, 작은 발, 색다름...)
2. 왕자는 계단에 끈끈이를 부어서 신데렐라에게 장난을 칩니다. 이런 행동을 해도 괜찮을까요? 괜찮다면/아니라면 이유를 말해 봅시다.
3. 친구는 나와 비슷해야 하나요, 달라야 하나요? 왜 그런가요?
4. 남자애들은 친구를 선택하는 방식이 여자애들과는 다른가요? 다르다면/아니라면 왜 그런가요? 만약 다르다면, 어떤 점이 그런가요?
5. 동물이 인간에게 좋은 친구가 되어줄 수 있을까요? 그렇다면/아니라면 왜 그런가요?
6. 친구가 가져야 할 가장 중요한 특징이 무엇이라고 생각하나요?

7. 나쁜 친구라도 여전히 친구일까요?
8. 내가 변했다면, 친구도 바뀌어야 하나요?

＊ 연계 활동: 친구 선택하기

친구나 연인을 선택할 때 어떤 기준이 가장 적합하다고 생각하나요? 기준을 추가해보고 다른 친구들과 답변을 공유해봅시다.

특성	적절한 기준이다	부적절하다/상관없다	그렇게 생각하는 이유
아름다움 · 잘생김			
같은 언어를 사용함			
내가 좋아하는 것을 좋아함			
모험심이 있고 재미있음			
가족들이 좋아함			
같은 문화를 공유함			
새로운 아이디어나 활동을 알려줌			
나보다 나이가 훨씬 많거나 어림			

[충실함]

충실함은 주요한 덕목이다. 윤리학에서는 인간이 모든 사람을 동등하게 대우해야 한다고 주장하지만, 사실 우린 그렇게 하지 않는다. 우리는 가족과 친구처럼, 낯선 사람보다는 아는 사람에게 신세를 진다. 그렇다고 해서 타인에게 아무런 의무가 없다는 뜻은 아니지만, 의무의 수준이 동심원을 그리며 확장된다. 〈신데렐라〉에서는, 신데렐라가 엄마에게 충실하고 엄마와의 기억을 소중히 여긴다는 사실을 알 수 있다. 신데렐라는 엄마의 무덤가에 나무를 심고, 잘 돌보며 틈틈이 방문한다. 반면에 새언니들은 신데렐라만큼 신데렐라를 챙기지 않는다. 새엄마에겐 신데렐라가 안중에도 없다.

* 토론 질문

1. 이 이야기 속에서 어떤 인물이 충실한 사람으로 보이나요?
2. 타인의 충실함은 나의 노력으로 얻을 수 있나요? 아니면 당연한 의무일까요? 만약 의무라면, 어떤 경우에 충실함이 당연한 걸까요?
3. 만약 누군가가 내게 충실하다면, 나도 그에게 충실해야 할까요? 답변에 따른 이유를 말해 보세요.
4. 남에게 지나치게 충실할 수도 있을까요? 만약 그렇다면, 어떤 경우에 그런가요?
5. 왜 우리는 가족, 친구 사이, 군대 같은 곳에서 충실함을 주요한 덕목으로 평가할까요?

[자매]

동화에서는 형제자매가 자주 등장한다. 경쟁 관계인 경우도 있고, 서로를 지지해주는 관계도 있다. 〈신데렐라〉 속 새언니들은 질투심 많고 못된 성격이다. 재혼한 가족이 등장하는 이야기일 경우, '진짜' 엄마 · 형제 · 자매가 아니라서 생기는 경쟁과 질투를 다루는 것처럼 보인다. 흥미롭게도 〈신데렐라〉의 옛 판본에서는 새언니들이 예쁜 모습으로 등장한다. 영화에서는 그렇지 않은데 말이다.

동화에서는 주인공의 겉모습이 내면을 반영한다. 겉모습이 예쁘면 친절하고 상냥하며, 못생기면 못되고 잔인하다. 새언니들은 예쁜데도 불구하고, 신데렐라에게 굴욕감을 주는 일이라면 뭐든 한다. 자매애, 또는 형제자매관계의 구성 요소는 무엇일까? 무조건 형제자매를 좋아해야 할까? 형제자매는 나와 닮았을까, 혹은 같은 부모한테서 태어났음에도 불구하고 다를 수 있을까? 동화에서 형제자매가 적대적인 역할로 등장하는 경우가 많은 이유는 무엇일까?

* 토론 질문

1. 〈신데렐라〉에서, 새언니들은 예쁘지만 친절하지는 않습니다. 새언니들은 왜 예쁜 걸까요? 반면에 왜 친절하지 않은 걸까요?
2. 동화 속 새언니들은 못되고 불공평하게 굽니다. 왜 새언니들이 이런 식으로 행동한다고 생각하나요?

3. 만약 내가 누군가의 배다른 형제자매라면, 그 사실이 의미하는 바가 뭔가요?
4. 형제 · 자매를 항상 사랑할 수 있나요? 가능하다면 어떻게 그런가요, 아니라면 이유가 뭔가요?
5. 의붓형제 · 자매를 항상 사랑할 수 있나요? 가능하다면 어떻게 그런가요, 아니라면 이유가 뭔가요? 4번 질문과 다르게 답변했나요? 토론해 봅시다.
6. 자매와 친구가 되어야 할까요? 이유를 설명해 보세요.
7. 한 가족의 모든 자녀가 똑같이 대우받아야 할까요? 토론해 봅시다.
8. 자매를 사랑하지만 좋아하진 않을 수 있을까요?
9. 형제자매에게 충실해야 할까요? 만약 의붓형제자매라면 달라야 할까요?
10. 형제자매가 친구보다 나를 더 신경 써주고 돌봐주나요? 낯선 사람과 비교하면 어떤가요? 답변을 설명해 보세요.

✱ 연계 활동

만약 형제자매가 있다면, 다섯 단어를 골라 형제자매와의 관계를 묘사해 보세요. 인덱스 카드에 단어를 적습니다. 한 카드당 한 단어입니다. 테이블 위에 카드를 모두 펼쳐서 다른 사람들과 공유하며, 몇 개가 일치하는지, 몇 개가 비슷한지, 몇 개가 다른지, 혹은 모순되는지 확인해봅니다.

[희생]

〈신데렐라〉 이야기를 읽으면 희생이란 개념이 떠오를 수 있다. 무엇을, 어떤 이유로 기꺼이 포기하는지, 혹은 해내는지 말이다. 희생은 타인을 돕는 비범한 행위로 여겨지지만, 때로는 억울한 감정을 유발하기도 하고, 잘못된 이유로 희생을 하게 되기도 한다. 이 이야기 속에서 신데렐라는 가족에게 사랑받으려고 최선을 다하며, 그들을 도와 가족의 일부가 되려고 하지만 소용이 없다. 신데렐라는 가족의 일원이 되기 위해 무엇을 희생했을까? 새언니들은 엄마의 고집에 따라 왕자가 가져온 구두에 발 크기를 맞추려고 발을 불구로 만든다.

새들은 새언니의 구두에서 배어 나오는 피를 보라며 노래하는데, 이를 통해 고통과 괴로움이 생생하게 묘사된다. 결말에서 새언니들은 시력을 잃어버린다. 새언니들의 이기심과 속임수로 인해 새들이 벌을 준 것이다. 희생은 그 도덕적 가치를 판단하기 위해서라도 상황과 목적에 따라 조정되어야 하는 덕목이다. 대다수의 경우 희생은 높은 수준의 윤리적 포부를 나타낸다.

* 토론 질문

1. 이야기 속에서 신데렐라가 무엇이든 포기해야 했을까요? 신데렐라의 행동이 칭송받을 만하다고 느끼나요, 혹은 신데렐라가 잘못 결정했다고 생각하나요? 이유는 뭔가요?

2. 새언니들은 무엇을 희생했나요? 새언니들이 너그러웠기 때문에 희생한 걸까요? 그렇다면/아니라면 이유는 뭔가요?
3. 무언가를 희생했거나 자기 자신을 희생했다고 말할 때, '희생'은 무엇을 의미하나요? 희생함으로써 칭송받는 경우와, 희생했는데도 의심받고 심판받는 경우에는 어떤 차이가 있을까요?
4. 희생은 언제나 좋은 행동인가요? 그렇다면/아니라면 이유는 뭔가요?

* 연계 활동

다음 그림에 따라 희생의 본질을 생각해 봅시다. '행위자(동작주)'는 행동하는 사람을 의미합니다. '피행위자(피동작주)'는 행위를 당하는 사람입니다. 예를 들어, 어떤 남자애가 점심 식사를 포기하고 같은 학교 친구를 돕는다면, 남자애는 '행위자'가 되고 같은 학교 친구는 '피행위자'가 됩니다. 행위의 구성 요소는 다음과 같습니다.

- 행위자가 무엇을 희생했는가? (점심 식사)
- 어떻게 희생했는가? (공적으로, 사적으로? 순순히, 억지로?)
- 남자애가 점심 식사를 포기한 이유, 또는 점심을 수락/거절한 이유가 행위 동기입니다.
- 행위 효과는 희생함으로써 행위자와 피행위자 모두에게 어떤 영향을 미쳤는지를 말합니다.

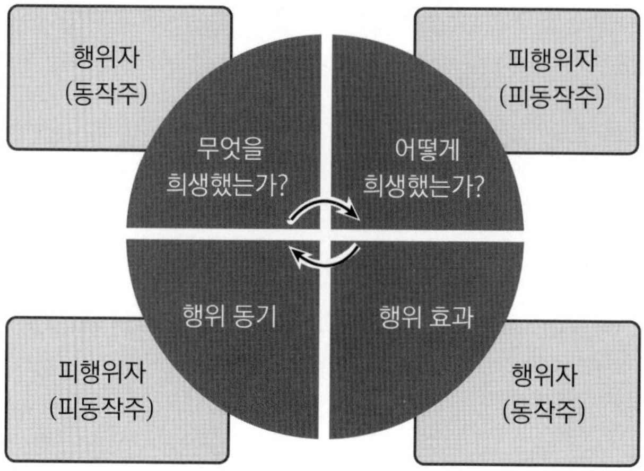
행위자
(동작주)
피행위자
(피동작주)
무엇을
희생했는가?
어떻게
희생했는가?
행위 동기
행위 효과
피행위자
(피동작주)
행위자
(동작주)

9장

미녀와 야수

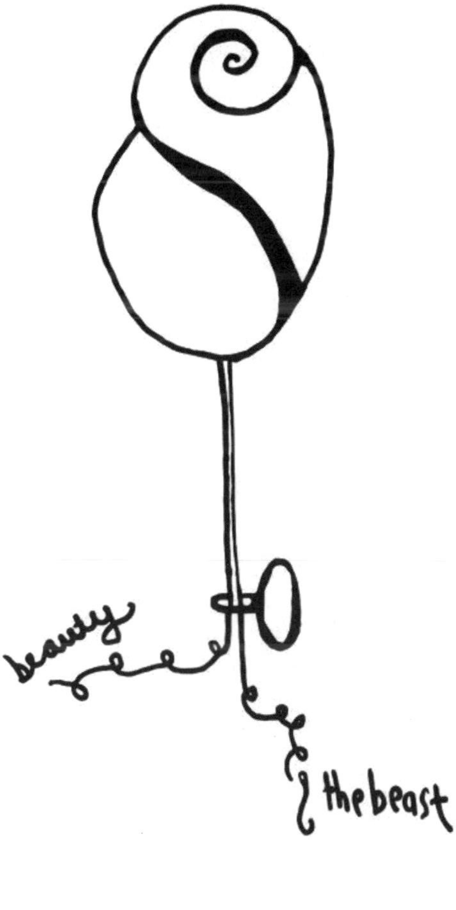

줄거리

이 이야기는 많은 고대 형식이 있지만 18세기 귀족 작가인 프랑스 여성 잔마리 르프랭스 드보몽이 문학적으로 표현한 것이 가장 친숙한 버전이다. 이야기는 6명의 자녀, 3남 3녀를 둔 부유한 상인에게서 시작된다. 그 중 막내는 가장 아름다워서 '미녀'라는 별명을 얻었다. 짐작할 수 있듯이 그녀의 언니들은 그녀가 칭찬받는 것을 달가워하지 않았고, 주인공 미녀는 외적 아름다움에 걸맞게 친절하고 온화한 성격을 가지고 있었기에 자매들은 미녀를 몹시 부러워했다.

어느 날 상인인 아버지는 바다에서 전 재산을 잃는다. 그래서 가족들은 모두 시골로 이사해야 했다. 아들들은 아버지를 도왔지만, 두 자매는 투덜거리기만 했다. 미녀는 살림을 꾸려 나갔다. 미녀가 살림을 하는 동안 두 자매는 투덜거리기만 했다. 아버지의 배 하나가 무사하다는 통지를 받게 되자 그들은 모두 부와 지위를 되찾을 것이라며 기대했고, 특히 두 자매는 매우 기뻐하며 멋진 선물을 요구했지만 미녀는 장미꽃만을 부탁했다.

그러나 배가 예상대로 도착하지 않았고, 상인은 집으로 가는 길에 눈 덮인 숲에서 길을 잃고 밤늦게 마법의 성에 도착했다. 그곳에는 아무도 없어 보였지만, 상인은 음식과 따뜻한 침대를 대접받게 된다. 아침에 깨어난 그는 아름다운 장미를 보고 그것을 꺾어 떠나려 했다. 그때 무시무시한 야수가 나타나서 그에게 자신의 물건을 훔쳤으니 상인의 딸을 성으로 데리고 와 두고 가든지 상인 혼자 남든지 선택해야 한다고 했다.

미녀는 이 소식을 듣자마자 아버지에 대한 걱정과 사랑으로 그 성에 들어간다. 미녀는 아버지를 사랑했기 때문에 아버지가 주저했음에도 불구하고 성에 가기로 결심한 것이다. 물론 그녀의 자매들은 그녀의 결심에 대해 내심 기뻐하였다. 성에 들어간 미녀는 야수를 두려워하며 매일 저녁 야수와 시간을 보내야 했다. 그러나 점점 그와의 만남이 즐거워졌다. 하지만 야수의 청혼은 정중하게 거절했다.

어느 날 미녀는 마법의 거울을 통해 아버지의 생명이 위태로운 상태라는 것을 알게 되었다. 그래서 야수에게 고향에 한 번만 가게 해달라고 부탁했고, 야수는 일주일의 시간을 주겠으니 반드시 다시 돌아오라고 했다. 만약 일주일 안에 돌아오지 않으면 죽을 것이라 경고했고, 미녀는 반드시 돌아올 것이라고 약속하고 고향으로 떠났다.

오랜만의 고향집 방문은 즐거웠지만, 보잘것없는 남자들과 결혼한 자매들은 그녀의 모든 옷차림을 질투한다. 자매들은 그녀를 그리워하는 척하며 그녀를 망치기로 결정하고 그녀에게 더 오래 머물기를 간청한다. 미녀는 두 자매의 간청이 진심으로 보였기 때문에 동의한다. 두 자매는 미녀가 일주일 안에 돌아오겠다는 약속을 어기면 야수가 격분하여 그녀를 잡아먹을 것이라고 추측했다.

야수가 죽어가는 꿈을 꾼 미녀는 자신의 반지를 빼서 침대 옆 탁자에 두고 궁전으로 돌아갔다. 그날 저녁 그녀는 야수를 기다리지만 그는 나타나지 않았다. 그래서 그녀는 정원으로 달려갔다가 죽어가는 야수를 발견한다. 그녀는 그와 결혼하겠다고 약속하고 결국 그를 사랑했다고 말한다.

그러자 은혜를 모르고 건방지다는 이유로 야수로 변했던 왕자가 잘생긴 원래의 모습으로 돌아왔다. 미녀가 야수로 변한 그와 기꺼이 결혼할 경우에만 그는 구원받을 수 있었던 것이다. 궁전이 살아나고 그녀의 가족이 나타나지만, 두 자매는 돌로 변한다. 그들은 회개해야만 다시 변신할 수 있는데, 이 힘을 가진 요정은 둘 다 변하기 어렵다고 생각했다.

인기 있는 디즈니 내용과 달리, 이 버전에서는 미녀와 결혼하려는 초라한 구혼자가 없으며, 마을 사람들이 야수를 죽이기 위해 무기를 집어 들지도 않는다. 비열한 두 자매 그리고 미녀와 야수가 결국 어떻게 살게 되었는지가 이 이야기가 보여주는 정의라고 추측된다.

적정 연령

이 이야기는 모든 연령에서 사랑받고 있다. 특히 청소년들과도 훌륭한 대화를 이끌어낼 수 있다. 그들은 자신의 공동체 안에서 아름다움이 얼마나 중요한지 잘 알고 있다. 따라서 이러한 주제에 관심을 가지고 주의 깊게 분석할 것이다.

읽기 계획

여기에 소개된 버전은 꽤 재미있는 이야기로 오랫동안 읽혀온 이야기다. 보몽 버전에서도 많은 주제를 발견할 수 있을 것이다. 도덕적으로 살펴볼 만한 주제가 많기 때문이다. 미녀와 야수 이야기는 아이들에게 친숙하기 때문에 이야기를 나누기가 더 좋다. 다양한 버전의 이야기에서 동물들은 신랑이 되기도 한다. 어떤 사람들은 이것이 옛날에 낯선 사람과 결혼해야 하는 어린 소녀의 입장을 대변해준다고 주장했다. 당시 여자들은 결혼 상대자인 남성에 대해 전혀 몰랐기 때문이다.

여기서 우리가 읽을 책은 디즈니 영화와 다른 버전임을 알려주고, 참여자들에게 이 둘의 차이를 발견하도록 질문해보자. 디즈니와 이 작품의 유사점과 차이점을 아는 것이 읽기에 도움이 될 것이다. 아이들은 어떤 이야기 버전을 더 좋아할까? 아이들에게 직접 물어보길 바란다.

탐구 주제

[소외]

어두운 숲에서 혼자 살고 있는 야수는 어떤 의미에서 소외된 추방자이다. 추방자라는 주제는 이야기의 다른 부분에서 나타난다. 짐승은 어두운 숲에서 혼자 사는 추방자이다. 그러나 상인과 그의 가족은 돈을 잃으면서 사회에서 따돌림을 당한다. 미녀는 가족으로부터 소외를 당하지만 미녀와 야수는 서로의 지위를 넘어 우정을 쌓게 된다. 어린이와 청소년은 종종 또래에게 소외감을 느끼며 어떤 경우에는 가족에게도 소외감을 느낀다. 청소년들은 10대로서의 삶을 살면서 하루에도 여러 번 바뀌는 “내부자” 또는

"외부자"로서의 자신의 상태를 예리하게 인식한다. 자신이 속한 그룹의 일원이 되는 것은 우리 모두에게 중요하며 아이들도 마찬가지이다.

✱ 토론 질문

1. 이 동화에서 어떤 인물이 소외되어 있는 것처럼 보이나요? 또 어떤 등장인물이 버림받거나 그들의 집단에서 받아들여지지 않는 것처럼 보이나요?
2. 여러분은 공동체에 소속된다는 것이 중요하다고 생각하나요? 만약 그렇다면 어떤 공동체에 속하고 싶은가요?
3. 한 공동체에 소속되지만 다른 공동체에는 소속되지 않을 수 있을까요? 그렇다면 예를 들어보세요.
4. 속하지 않았으면 하는 공동체가 있나요? 만약 있다면 이유는 무엇인가요?
5. 구성원이 어떤 공동체에 속해있다는 것을 어떻게 알 수 있나요? 예를 제시해보세요.

✱ 연계 활동

칠판이나 화이트보드 또는 큰 종이에 공동체를 나타내는 원을 그리고 이름을 붙여보세요. 공동체의 예시에는 친구, 학급, 가족, 스포츠 팀, 오케스트라, 밴드, 정당, 민족 또는 국가가 있습니다. 한 사람이 속한 공동체는 몇 개일까요? 어떤 공동체가 다른 공동체보다 더 중요할 수 있나요? 그 이유는 무엇일까요?

각 공동체의 원을 그린 후 그 공동체에 소속될 수 없는 사람의 기준이나 특징에 대해서 함께 토론해보세요.

[약속 3]

약속하고 지킨다는 주제는 동화에 많이 등장한다. 상인은 딸들에게 선물을 가져오겠다고 약속한다. 그리고 그는 또한 야수에게 혼자 또는 딸과 함께 돌아올 것을 약속한다. 이 이야기에 나오는 다른 유형의 약속을 찾아보고, 어떤 약속을 지켜야 하고 어떤 약속을 깨뜨릴 수 있는지, 만약 있다면 그 이유에 대해 탐구해보자.

* 토론 질문

1. 이 이야기에서 약속을 했던 인물은 누구였나요? 몇 가지의 약속을 했는지 찾아보세요.
2. 모든 약속은 말로 하나요? 아니면 아무 말도 하지 않고 약속할 수 있나요? 여러분이 주로 하는 약속의 방법은 무엇인지 발표해보세요.
3. 약속을 지키는 것은 왜 중요한가요? 약속을 지키는 것을 중요한 일로 여기는 이유는 무엇인가요?
4. 약속을 지키는 데 기한이 있나요? (약속은 언제까지 지켜야 하나요?)

5. 다시는 그런 약속을 하지 말아야겠다고 생각하는 약속이 있나요? 만약에 있다면 예를 들어보세요. 그것은 어떤 특징을 가지고 있나요?
6. 약속을 어겨도 되는 상황이 있나요? 예를 들어 이유와 함께 말해보세요.

✱ 연계 활동

다음 표에서 약속을 해야 하는지, 지켜야 하는지, 왜 지켜야 하는지 결정해보세요.

약속 상황	약속을 지켜야 한다.	약속을 하지 말아야 한다.	약속을 지키지 말아야 한다.	그렇게 생각한 이유
혜수는 동생의 숙제를 도와주겠다고 약속한다.				
태현의 어머니는 친척들이 있는 경주로 태현을 데리고 간다고 약속한다.				
지현이는 승아가 수학시험을 잘 볼 수 있도록 답지를 보여주기로 약속한다.				

선생님은 시험이 끝나면 밖에서 놀 수 있다고 아이들에게 약속한다.				
혜진은 음악 선생님에게 음악 선생님의 비밀을 친구들에게 말하지 않기로 약속한다.				
지선이는 소현에게 빌린 5만 원을 갚겠다고 약속한다.				

[짐승이 된다는 것]

이 동화의 핵심 요소 중 하나는 무서운 야수 짐승의 묘사이다. 삽화가들은 상상력을 발휘하여 이 등장인물을 무수히 많은 방법으로 묘사했으며, 그것은 야수가 얼마나 "짐승 야수 같은지" 보여주려고 노력했다. 이러한 관점에서 이것은 인간이 되는 것과 인간이 아닌 짐승이 되는 것 사이의 큰 차이를 강조한다. 언어를 사용하더라도 여전히 야수는 무섭고 미녀에게는 얼마나 매력적이지 않은지에 대해 강조한다. 미녀는 그렇게 못생긴 짐승과 절대 사랑할 수 없다고 생각한다. 그 야수는 남편이나 연인이 될 수 없을 만큼 인간과는 매우 다르다.

그러나 시간이 지남에 따라 그녀의 감정은 변화한다. 처음에는 낯설고 용납할 수 없는 타자로 보였던 야수가 결국 그녀가 깊이 사랑하고 있음을 깨닫는 존재로 변모한다. 이것은 동물과 짐승, 그리고 우리와 그들과의 관계에 대한 몇 가지 흥미로운 질문으로 이어질 수 있다. 또한 처음에는 이상하고 불쾌한 것처럼 보이지만 우리가 그 존재를 알게 된 후에 어떻게 완전히 다르게 볼 수 있는지에 대한 몇 가지 질문과 성찰을 이끈다.

✱ 토론 질문

1. 야수는 어떻게 생겼을 것이라고 생각하세요? 짐승 같은 본성을 가장 잘 표현한 그림을 그리거나 삽화를 친구들과 찾아보세요. 여러분의 선택을 다른 사람들과 공유하고 비교해보세요. 어떤 요소가 공통적인가요? 어떤 점이 다른가요?
2. 미녀와 그의 아버지는 왜 야수를 무서워했을까요?
3. 생물을 야수라고 부를 수 있는 것은 어떤 특징 때문인가요? 반면 인간은 어떤 특징이 있나요?
4. 우리는 흔히 매우 다르게 보이는 존재를 의심스럽고 두려운 존재로 바라봅니다. 왜 그렇게 바라보게 될까요?
5. 인간은 야수(짐승)와 친구가 될 수 있나요? 여러분의 생각을 설명해보세요. 그리고 예를 들어보세요.
6. 절대 친구가 될 수 없는 야수(짐승) 같은 사람이 있나요? 왜 그런가요, 왜 아닌가요?

[외면/내면의 아름다움]

아이들은 '내면의 아름다움이 중요하지 외면의 아름다움은 크게 중요하지 않다'고 배운다. 이것이 '올바른 말'이라고 알기는 하지만, 그들의 행동은 이러한 고상한 감정과 자주 모순된다. 긍정적으로 끝나는 이 동화는 내면과 외면의 개념에 대해 신중하게 생각하고, 그것이 우리의 실제 경험에 어떻게 영향을 미치는지 탐구할 수 있는 기회를 제공한다. 위의 교훈적인 말이 실제로 의미하는 바는 무엇이며, 그 속에 어떤 진실이 있다고 해서 우리는 항상 이 진부한 말을 받아들여야 할까?

* 토론 질문

1. 이 동화 속 어떤 등장인물이 외적으로 아름다우면서 '내면의 아름다움'까지 가지고 있다고 생각하나요? 그리고 어떤 것을 아름답지 않다고 말할 수 있을까요?
2. 무엇이 외적인 아름다움을 만드나요?
3. 내면의 아름다움이 있을 수 있나요? 있다면, 내면을 아름답게 만드는 특징은 무엇인가요?
4. 외적으로 아름답지 않은 것이 있을 때, 관점을 바꾸면 아름다워 보일 수 있나요? 왜 그런가요? 왜 그렇지 않은가요?
5. 내적으로 아름다운 것에 대한 관점을 바꿀 수 있나요? 여러분의 생각을 다시 한번 설명해보세요.

6. 외면의 아름다움과 내면의 아름다움에서 아름다움은 같은 의미로 사용되고 있나요?

＊ 연계 활동

다음은 내적 혹은 외적인 아름다움과 관련된 단어입니다. 아름다움과 관련된다고 여기면 동그라미로, 확실하지 않은 경우에는 세모를 사용하여 표시해봅시다. 그리고 다른 단어를 추가해서 적어도 됩니다.

생각	욕망	소원	행위	몸	
얼굴	아이디어	성격	코	이	눈
감정	연설	의도	머리카락		

[형제자매와 질투]

이 이야기에서 미녀는 착하고 친절하게 묘사되며, 그녀의 자매들은 자신들이 아름답다고 주장하지만 행동은 아름답지 않다. 그러나 그녀의 형제들은 이야기에 거의 등장하지 않는다. 중요하지 않은 조연 같다. 왜 자매들은 미녀에게 못되게 굴었을까? 그들은 그녀가 아름다운 옷을 입고 집으로 오자 매우 질투하며 야수에게 잡아먹히길 바랐다. 그녀가 집에 함께 있기를 바라는 척하며 울기도 하지만, 독자들은 그들의 심술궂음을 알아차릴 것이다. 그동안 우리는 대부분 미녀와 야수의 관계에만 집중하고, 자매들의 동기와 행동은 주의 깊게 보지 않았다. 그러나 우리는 자매들의 행동을 살펴보고 아이들과 이야기를 나누고자 한다. 과연 자매들에 대해 관심을 가질 가치가 있을까?

✱ 토론 질문

1. 이야기에서 미녀의 자매들은 어떻게 행동하나요? 그 이유는 무엇일까요?
2. 미녀는 자신을 비열하게 대하는 자매에게 호의를 베풀어야 할까요? 그렇다면(그렇지 않다면) 그 이유는 무엇일까요?
3. 질투는 형제자매 사이의 자연스러운 감정인가요? 그렇다면(그렇지 않다면), 그 이유는 무엇일까요?
4. 질투는 현실적인 감정이며, 우리 대부분은 자주 그것을 경험했습니다. 질투의 예는 어떤 것이 있을까요? 그 예를 사용해서 토론할 시나리오를 만들어 보세요.
5. 질투가 좋은 경우도 있을까요? 어떨 때일까요?
6. 질투는 무언가를 더 잘하려는 강력한 동기가 될 수 있을까요? 만약 그렇다면, 질투가 좋은 경험이 될 수 있을까요?

[아름다움]

미녀는 이 이야기에서 여주인공의 이름인 동시에 그녀의 외모를 설명하며, 인성적인 면에 대해 내포하고 있기도 하다. 반면 그녀의 자매들도 아름답다고 묘사되지만, 그들의 태도, 의도, 행동 면에서는 그렇지 않다. 미녀는 못생긴 야수와 사랑에 빠진다. 결국 야수를 아름다운 왕자로 변모시키는 것은 바로 사랑인 셈이다. 따라서 아름다움은 모든 것을 이기는 동시에 궁극적인 가치로 여겨진다.

"야수"가 잘생긴 왕자로 변신하는 것이 중요한 문제인가? 아름다움은 육체적인 아름다움 없이 아름다울 수 있을까? 이 이야기는 궁극적인 성공을 위해 아름답게 보이는 것이 얼마나 중요한지에 대해 생각할 거리를 던져주고 있다. 청소년들은 이 이야기 전체를 관통하고 있는, 우리 사회에서 정의한 아름다움의 중요성에 대해 깊이 생각해볼 수 있다.

* 토론 질문

1. 아름다움의 개념은 이 이야기의 중심 개념입니다. 이야기 속에서 아름답거나, 추하거나, 아름답지 않은 것으로 구별할 수 있는 인물과 사건을 찾아보세요.
2. 오늘날 우리의 삶에서 아름다움은 얼마나 중요한가요?
3. 누구나 인정하고 추구하는 개념인 '아름다움'은 정확히 무엇을 의미하나요?

4. "아름다움은 보는 사람의 눈에 달려 있다"는 말이 있습니다. 이 문장은 정확히 무엇을 의미하는 것인가요? 여러분은 이 말에 동의하나요? 동의하지 않나요? 왜 그렇게 생각하나요? 이유와 함께 설명해보세요.
5. 만약 이 이야기가 야수와 미녀가 행복하게 살았지만, 있는 그대로의 모습인 야수와 미녀로 끝났다면 그 결론의 이야기가 실망스러울까요? 실망스럽다면 그 이유는 무엇일까요?

[미녀와 야수에 대한 최종 소감]

디즈니 영화 외에도 이 이야기에 대한 다양한 시각적 버전이 있다. 다른 유형의 이야기를 찾아보고 각 이야기가 전달되는 방식과 비교해보자. 이 이야기에서 우리를 가장 매료시키는 내용은 무엇일까? 무엇이 우리를 가장 생각하게끔 만들까?

* 한글 번역본

디즈니 프린세스 오리지널 스토리북, 미녀와 야수, 디즈니 글그림, 양선하 역, 꿈꾸는 달팽이, 2023
https://www.yes24.com/24/Category/Series/001?SeriesNumber=317397

10장

헨젤과 그레텔

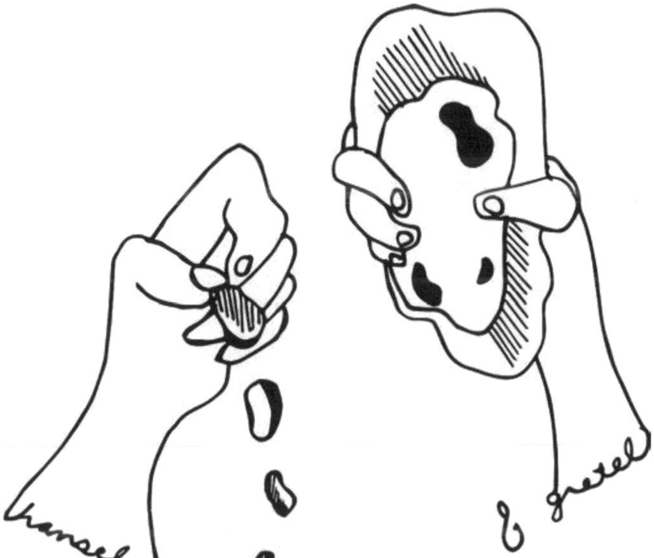

줄거리

이 유명한 이야기에서 우리는 굶주리고 있는 작은 가족을 만난다. 어머니(보통 새어머니로 표현된다.), 아버지, 그리고 헨젤과 그의 여동생 그레텔이라는 두 아이가 등장한다. 음식이 바닥나고 있기에, 새어머니는 남편에게 아이들을 숲에다 버릴 것을 제안한다. 이것은 부모가 아이들이 굶주리는 것을 보기 싫었기 때문일까, 아니면 어른들을 위해 더 많은 음식을 확보하기 위한 것일까? 아버지는 처음에는 반대하는 듯하지만, 금세 아내의 계획에 동조한다. 그러나 아이들은 이 대화를 듣게 되고, 헨젤은 동생과 자신을 구하기 위한 계획을 세운다.

모두 잠든 후, 헨젤은 밖에 나가서 주머니에 반짝이는 흰 돌들을 채워 넣는다. 다음 날 가족이 함께 숲에 갔을 때, 아이들은 빵을 한 조각씩 받는다. 길을 따라 걷는 동안, 헨젤은 흰 돌들을 길가에 하나씩 떨어뜨린다. 그들이 숲속으로 깊이 들어갔을 때, 부모는 불을 피우고는 아이들에게 자신들이 나무를 베어 올 테니 기다리라고 말한다. 아버지는 심지어 가까이서 나무를 베는 듯한 소리를 흉내 내기까지 한다.

부실한 식사를 한 후, 아이들은 잠에 든다. 깨어나니 캄캄한 밤이 되어 있다. 그러나 달이 뜨자, 아이들은 반짝이는 흰 돌들을 따라 집으로 돌아간다. 아버지는 아이들을 보고 매우 기뻐하지만, 새어머니는 기뻐하지 않는다.

몇 주 후, 부모는 다시 아이들을 버릴 계획을 세운다. 이번에는 헨젤이 밤에 돌을 주우러 나가지 못했기에, 아이들이 가진 것은 아침에 먹던 작은 빵 조각뿐이다. 헨젤은 같은 전략을 사용하여 길을 따라 빵 부스러기를 떨어뜨린다. 지난번과 같은 일들이 벌어졌다. 하지만 이번에는 지쳐 잠들었다가 어둠 속에서 깨어났을 때, 새들이 빵 부스러기를 먹어버려서 부스러기가 없어져 버렸다. 아이들은 정말로 길을 잃어버린 것이다.

아름다운 새를 따라 며칠 동안 배회하던 아이들은 숲속에서 사랑스러운 작은 집을 발견한다. 이 집은 빵, 케이크 그리고 설탕으로 만들어져 있다. 누가 살짝 먹어보지 않을 수 있을까? 굶주린 아이들은 절대로 참을 수 없다. 문이 열리고 늙은 여자가 머리를 내밀어 그녀의 집을 먹고 있는 아이들을 발견한다. 참고로 초판본에서 그녀는 마녀로서 묘사되지 않았지만, 그녀의 외모와 행동은 여러 가지 사유로 마녀의 전형적인 상징이 된다. 그녀는 아이들을 초대하여 풍성한 식사를 대접하고, 그 후에 그들을 따뜻한 작은 침대에 눕힌다. 아이들은 마침내 사랑받고 구원받은 기분으로 잠에 든다.

하지만 아침에 모든 것이 바뀐다. 마녀는 헨젤을 우리에 가둬 놓고는 그레텔에게 요리하고 청소하며 헨젤을 잡아먹을 만큼 살찌우도록 시킨다. 마녀는 헨젤이 얼마나 뚱뚱해지는지 보려고 매일 그에게 손가락을 내밀어 보라고 한다. 그러나 헨젤은 작은 뼈를 내밀고, 마녀는 눈이 어둡기 때문에 속아 넘어간다. 하지만 더 이상 참을 수 없어진 마녀는 결국 그를 요리하려고 한다. 마녀는 그레텔에게 오븐 안으로 기어 들어가 충분히 뜨거운지 확인하라고 시킨다. 그러나 그레텔은 혼란스러운 척하며 무엇을 해야 할지 모르겠다고 한다. 이에 참을성 없는 마녀는 그녀에게 시범을 보여주기 위해 직접 오븐 안으로 들어간다. 쾅! 그레텔이 문을 닫고, 그레텔이 헨젤을 풀어주는 동안 마녀는 타버린다.

아이들은 돈, 보석, 진주를 발견하고, 주머니에 가득 채워 집으로 돌아간다. 아버지는 아이들을 보고 매우 기뻐한다. 아이들이 가져온 재산으로 가족은 이제 영원히 행복하게 살 수 있다. 한편, 그동안에 새어머니는 이미 사망했다. 속이 시원하다! 그렇지 않은가?

적정 연령

이 이야기는 다양한 연령대의 청소년에게 의미 있게 다가갈 수 있으며, 성인들이 직면해야 할 심각한 문제들도 제기한다. 우선 참가자들이 제기한 주제를 따라가자. 그리고 아래에 제안된 주제들을 참고할 수 있다. 이 이야기는 어린이들을 위한 주제와 함께 청소년과 성인들이 빈곤, 특권, 페미니즘 등에 대해 대화를 나누기에 충분한 소재를 제공한다.

읽기 계획

헨젤과 그레텔의 줄거리는 잘 알려져 있다. 이 이야기는 감정과 모험의 다양한 측면을 담고 있다: 버려짐, 아이들의 기민함, 어둠의 숲, 마녀, 사탕과 케이크 그리고 최종적인 승리. 이 이야기는 고려해 볼만한 다양한 철학적인 질문을 제기한다. 어떤 질문은 어린아이에게는 꽤 어둡고 음침한 내용일 수 있다. 이 이야기에서는 부모가 아이들을 버린다. 그리고 식인, 빈곤, 거짓말 등이 등장한다. 정말 어두운 주제들이다. 이 이야기는 벼랑 끝에 몰린 사람들의 절박함을, 그리고 그로 인해 사람들이 어떻게 행동할 수 있는지를 묘사하고 있는 걸까? 어린이나 청소년과 함께 철학을 나눌 때, 그들이 아직 다룰 준비가 되지 않은 주제를 강요하지 않기 위해서는 그들의 이끌림을 따르는 것이 가장 좋다. 이 이야기에서 그들이 흥미로워한 것은 무엇인가? 거슬려한 것은 무엇인가? 우리의 주제는 어린아이들, 청소년들, 심지어 성인들에게도 가닿는다. 아래 탐구 주제에서는 이 이야기에 접근하기 위한 몇 가지 제안된 시작점을 찾을 수 있을 것이다. 헨젤과 그레텔은 동화란 원래 여러 연령대가 함께 모여 듣고 이야기 나눠온 것이라는 사실을 상기시켜준다. 이야기를 들은 사람들은 누구나 각자 이야기에서 자신에게 중요하게 다가온 것을 발견한다.

탐구 주제

[가난]

이야기는 우리에게 나무꾼 가족이 절박한 상황에 처해 있다고 말한다. 집에 먹을 게 거의 없다. 겉으로는 부유해 보이거나 세계적 기준으로는 부유하다고 여겨질 수 있는 우리 주변의 많은 어린이들에게도 가난은 삶의 일부이다. 가난을 측정하고 연구하는 기관이 많다. 그중 하나는 위스콘신 대학교에서 후원하고 있다(https://www.irp.wisc.edu). 청소년과 성인들은 이 주제를 다루기 전에 가난에 관해 조금 찾아 읽어 볼 수 있다. 여기서 제시된 토론 질문은 참가자들이 가난의 의미와 가난이 우리 생활의 모든 측면에 어떤 영향을 미치는지에 대해 생각해보도록 안내한다.

* 토론 질문

1. 헨젤과 그레텔 가족은 가난하다고 묘사됩니다. 가난의 특성은 무엇인가요? 종이나 칠판에 특성을 떠오르는 대로 적어보고 중요도 또는 심각성순으로 배열해보세요.
2. 어른과 아이의 가난은 다를까요? 그렇다면 어떻게 다를까요?
3. 가난이 흔한 지역의 특징은 무엇인가요?
4. 누군가가 가난하지만 행복할 수 있을까요?
5. 누군가가 부유하지만 불행할 수 있을까요?
6. 사람들은 정말로 가난한 사람들을 돕기 위한 의무를 가질까요? 이유를 설명해보세요. 아이를 버리는 것이 옳은 일이 될 수 있을까요? 왜 그럴까요?

* 연계 활동

더 나이가 많은 학생들과 함께하는 경우, 학생들에게 우리나라나 우리 마을에서 가난이 어떻게 측정되는지 조사하도록 하세요. 그들이 배운 내용을 공유하고 다음과 같은 주제에 대해 토론하도록 소크라틱 서클(Socratic Circle)로 초대하세요:

- 빈곤의 표시
- 빈곤의 원인
- 사회 정의 의무
- 지역 사회의 책임과 기회
- 유기의 개념 및 이러한 관행을 대체하기 위해 제공할 수 있는 자원

[재치 있음]

헨젤은 영리하게도 흰 돌을 주머니에 담아 길을 만들어 집으로 돌아올 수 있도록 한다. 그는 재치를 발휘하여 미래를 대비하는 계획을 세운다.

재치 있는 사람들을 찬양하는 많은 이야기가 있다. 레오 레오니의 그림책인 '프레드릭'이 떠오른다. 이 이야기에서 쥐들은 겨울에 먹을 음식을 저축하는데, 그중 한 마리인 프레드릭은 아무런 일도 하지 않는 것처럼 보인다. 추운 날씨가 오고 쥐들이 저장한 식량을 먹을 때, 프레드릭은 여름 동안의 관찰을 활용하여 쥐들에게 더 좋았던 때를 상기시켜주는 방식으로 자신의 역할을 한다. 쥐들의 행복한 삶을 위한 프레드릭의 기여는 바로, 식량 외에도 쥐들의 생존에 매우 중요한 것으로 드러난, 이야기이다.

가끔 재치를 발휘하는 것에 창의적인 것이 더해질 수 있다. 재치 있음은

항상 좋은 걸까, 아니면 나쁜 목적으로 사용될 수도 있을까? 여러분은 재치 있는 도둑이나 거짓말쟁이가 될 수 있는가?

✱ 토론 질문

1. 재치 있음은 문제를 해결하기 위해 빠르게 생각할 수 있는 능력을 의미합니다. 아래에서 어떤 단어들이 재치 있는 사람을 떠올리게 하나요?

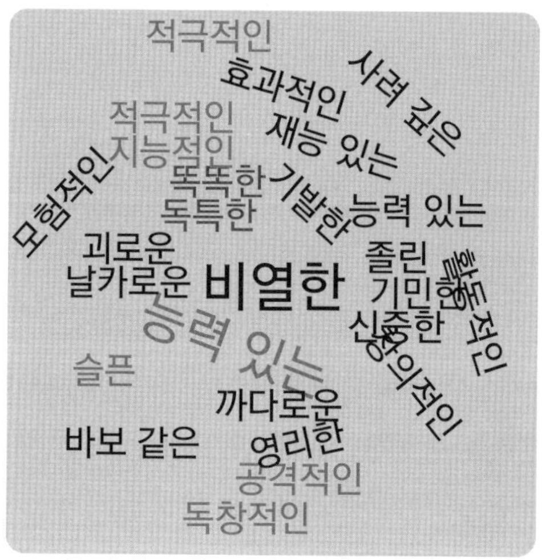

1. 이 이야기에서 헨젤은 어떤 식으로 재치를 발휘하나요?
2. 이 이야기에서 그레텔은 어떤 식으로 재치를 발휘하나요?
3. 다른 등장인물도 재치 있나요? 각각의 경우에 그 등장인물이 어떻게 재치 있는지 설명하고, 이것이 좋은 재치인지 나쁜 재치인지 생각해 보세요.

4. 다음과 같은 경우에 여러분은 재치가 있는 건가요? 만약 여러분이
   1) 쿠키를 훔친다면?
   2) 친구와 숙제를 공유한다면?
   3) 방을 청소한다면?
   4) 신발 끈을 두 번 맨다면?
   5) 친구가 장난감을 어디에 두고 갔는지 기억하게 도와준다면?
   6) 과자를 주고 그 대가로 칠판을 청소하는 데 도움 줄 것을 제안한다면?
5. 우리는 문제에 대한 해결책을 생각하고 그 해결책이 효과적일 때 재치 있다고 합니다. 여러분이 재치 있었던 때의 예를 들어볼 수 있을까요?
6. 누군가는 나쁜 목표를 위해 재치를 발휘할 수 있을까요?
7. 재치 있다는 것은 항상 바람직한 행동인가요?

✱ 연계 활동

1. 헨젤은 밤에 나가서 자갈을 주워 자신과 동생이 집으로 돌아오는 길을 찾을 수 있도록 영리하게 행동합니다. 이것은 "재치 있다"고 할 수 있습니다. 문제를 새롭고 효과적인 방식으로 빠르게 해결했기 때문입니다. 다음의 익숙한 동화에 나오는 등장인물은 재치가 있나요? 그렇다면 그것이 좋은 것인지 아닌지 설명해보세요.

동화	어떤 재치가 있나요?	좋은 재치인가요 아니면 나쁜 재치인가요? 왜 그렇게 생각하나요?
잭과 콩나무의 잭		
헨젤과 그레텔의 새엄마		
인어 공주		
잠자는 숲속의 미녀		
라푼젤의 왕자		
개구리 왕자의 개구리		

2. 누군가를 재치 있는 사람으로 묘사할 때의 주요한 특징을 이야기해보세요. 그것은 감정인가요, 사고방식인가요, 행동인가요, 덕 혹은 악인가요, 아니면 얻어낸 결과인가요? 이것들을 종이에 적고 다른 사람들과 공유하여 답을 비교해보세요. 어떤 특징의 조합이 재치 있는 사람이 되는 데에 가장 좋은 요인을 보여주나요?

[형제와 자매]

이 이야기는 형제와 자매 간의 밀접한 관계를 보여준다. 이 이야기의 시작에서는 헨젤이 현명하게 두 사람을 보호하지만, 끝에서는 그레텔이 창의적으로 두 사람을 구하게 된다. 형제와 자매 관계는 특별한 종류의 관계로, 다른 관계보다 더 많은 것을 요구할 수 있는 관계이다. 형제나 자매를 가진 어린이들이 많으므로 그 관계에 대해 생각하는 것은 그들에게 중요한 기회가 될 수 있다.

✱ 토론 질문

1. 헨젤과 그레텔은 서로 비슷한가요? 어떻게 알 수 있나요?
2. 형제나 자매가 있나요? 있다면 나보다 더 어린가요, 아니면 나이가 더 많은가요?
3. 형제자매는 항상 같은 성을 갖고 있나요?
4. 형제자매는 같은 이름을 가질 수 있을까요?
5. 형제와 자매는 친구가 될 수 있을까요? 그렇다면 왜 그런가요, 그렇지 않다면 왜 그렇지 않나요?
6. 가족과 친구 사이에 어떤 차이가 있나요?
7. 우리는 동생에게 무엇인가를 빚지고 있을까요?
8. 우리는 언니, 오빠, 형, 누나에게 무엇인가를 빚지고 있을까요?

✱ 연계 활동

여러분의 가계도를 그려보세요. 가계도에 누구를 넣을까요? 반려동물을 포함할까요? 무엇이 가족을 구성하나요?

[숲]

동화의 이야기는 종종 무서운 숲에서 벌어진다. 중세 시대에 숲은 안전과 공동체의 반대되는 곳이었다. 마을은 인류, 공동체 및 안전을 상징하며,

숲은 야생의 자연, 비인간적인 것, 위험을 상징했다. 숲은 어두우며 포식자들로 가득한 곳으로, 길이 없을 수도 있었으며, 끝없는 혼돈이었으며 길을 잃을 수 있는 장소였다.

일부 봉건국가에서는 숲은 신사층의 소유이며 농민들과 다른 사람들에게는 금지된 곳이었으며, 군주들은 이러한 야생의 숲을 사냥을 위한 자원으로 보았다. 어떤 경우에는 숲이 마을에서 추방된 사람들의 집이 되었고, 숲에서 혼자 사는 사람은 의심스럽게 여겨졌다. 왜 그들은 어둠의 힘과 혼돈을 물리치기 위해 다른 인간들과 함께할 필요가 없었을까? 이로 인해 많은 사람들은 숲에 사는 사람들을 마녀나 악령으로 보았다. 헨젤과 그레텔의 부모가 아이들을 버리기 위해 숲으로 데려간 것은 우연이 아니다.

그러나 오늘날 우리는 숲을 더 온화한 자연 세계의 아름다운 터전으로 보고 소중히 여긴다. 도시 및 교외에서는 현지 숲을 등산로로 걷거나 국립공원을 방문할 수 있는 드문 기회를 소중히 여긴다. 나침반과 이제는 GPS 장치로 우리는 숲에서 길을 잘 잃지 않지만, 국립공원의 큰 숲 지역에서는 여전히 그럴 수 있다.

어떤 문화에서는 숲을 나무, 소리, 냄새 및 인공적이지 않은 세계의 모습에 몰입함으로써 우리 자신의 인간성을 되찾을 수 있는 희귀한 기회로 여긴다. "신린 요쿠"는 일본어로 "숲 목욕"을 의미하며, 숲의 나무 사이를 걷거나 명상하는 것이다. (이 장 끝에서 추가 자료를 참조하라.)

어린이들은 아무 방향 없이 숲에서 길을 잃는 공포를 경험하며, 나무 사이에서 놀거나 숲 동물들을 만나는 기회를 즐기는 것을 이해할 수 있을 것이다.

✱ 토론 질문

1. 헨젤과 그레텔은 숲에서 길을 잃었습니다. 숲이 무서운 이유는 무엇인가요?
2. 숲에는 재미나 즐거움을 줄 수 있는 특성이 있을까요?
3. 어떤 동물들이 숲에서 사는 걸까요?
4. 서로 다른 종류의 숲은 얼마나 있을까요?
5. 우리의 공동체에서 자연림을 보존하는 것이 왜 중요할까요?

✱ 연계 활동

다른 사람들과 함께 특정 종류의 숲이 공동체를 이루는 요인을 조사해보세요. 다양한 종류의 숲에 대해 배워보고, 그 숲의 특징과 인간들이 숲과 상호 작용하는 방식을 알아보세요. 포스터를 만들고 발표해보세요.

[길을 잃음]

이 이야기의 주요 테마 중 하나는 길을 잃음이다. 부모는 음식이 없어서 가족 전체가 굶주리고 서로를 잃을 것을 걱정한다. 하지만 그들의 주요 초점은 숲에서 아이들이 길을 잃게 하는 것이다. 두 번의 시도 끝에 부모가 자녀를 버리는 데 성공한다.

아이에게 가장 무서운 경험 중 하나는 마트에서 또는 다른 사람들과 함께할 때 길을 잃는 것이다. 길을 잃는 것은 깊은 불안과 두려움을 느끼게 한다. 누가 나에게 신경을 써주는가? 나는 어디에 있는가? 나는 어디로 가고 있는가? 길을 잃었다는 감각은 미지의 것, 익숙하지 않은 것과의 부정적인 관계이다.

청소년과 성인 모두가 물리적으로 어디에 있는지 알면서도 길을 잃은 느낌을 경험할 수 있다. 하지만 길을 잃는 것은 모험으로 이어질 수도 있다. 우리는 우리의 기존 구성 요소를 벗어나 새로운 영역을 지리적으로, 감정적으로 또는 정신적으로 탐험해야 한다. 길을 잃는 것의 이점에 관한 기사, 블로그, 책 등이 있다. (이 장 끝의 자료를 참조하라.) 낯선 도시를 돌아다니며 새로운 경험을 하고 창의적인 사고를 자극할 수 있다. 그러나 동시에 우리는 길을 잃었다는 사실을 알고 우리 주변의 것을 이해하지 못할 수 있다는 점에 주의해야 한다.

* 토론 질문

1. 헨젤과 그레텔은 숲에서 버려져 길을 잃었습니다. 여러분은 지금까지 길을 잃어본 적이 있나요?
2. 헨젤과 그레텔처럼 집으로 돌아갈 수 있는 상황에서도 길을 잃을 수 있을까요?
3. 길을 잃었을 때의 느낌을 설명해보세요.
4. 어디에 있는지는 알지만 길을 잃을 수 있을까요?
5. 길을 잃었는데도 행복할 수 있을까요? 그렇다면 왜 그럴까요, 아니면

왜 그렇지 않을까요?

6. 과학 수업에서 길을 잃는 것과 동네에서 길을 잃는 것의 유사점과 차이점은 무엇인가요?
7. 손실을 경험하는 것과 길을 잃는 것은 같은가요? 왜 그렇거나 그렇지 않나요?
8. 길을 잃는 것 중에서 가장 나쁜 점은 무엇인가요? 가장 좋은 점은 무엇인가요?

✱ 연계 활동

다음 표에서 어떤 예가 '길을 잃음'의 적절한 예인지, 그리고 그 이유가 무엇인지 표시하세요. 토론을 위해 자신만의 예를 추가하세요.

사건이나 예시	길을 잃은 것인가요?	왜 그렇게 생각하나요?	만약 길을 잃었다면, 어떤 형태로 잃은 것인가요?
마트에서 부모님을 찾을 수 없습니다.			
선생님이 수학 숙제 내주신 것을 잊고 넘어가고 있습니다.			
친구들이 나를 빼고 놀러가고 있습니다.			
내가 좋아하는 책을 읽으며 몰입하고 있습니다.			

나의 단짝 친구는 스페인어를 하는데 나는 스페인어를 거의 못 합니다.			
엄마가 지하철에 탔는데, 내가 타기 전에 지하철 문이 닫혔습니다.			

[마녀들]

마녀들은 고전 동화에서 중요한 역할을 한다. 우리는 잠자는 숲속의 미녀, 백설 공주, 그리고 분명 헨젤과 그레텔을 떠올린다. 많은 어린이들에게 마녀의 이미지는 고전 영화 '오즈의 마법사'에서 마거릿 해밀턴이 온통 검은 옷을 입고, 못생겼으며, 녹색 피부에 큰 뾰족한 모자를 쓴 모습일 것이다. 핼러윈을 위한 마녀 의상도 이러한 묘사를 따르곤 한다.

반면에 아름다운 마녀 글렌다도 만날 수 있다. 해리 포터 시리즈를 통해 마녀는 새로운 이미지를 얻게 되었으며, 존경받을 수 있는 모습으로도 그려졌다. 그리고 청소년 마녀들을 소재로 한 드라마들은 이제 마녀의 모습을 멋진 개성으로 재구성하고 있다.

아이들의 이야기에서 대부분의 마녀들은 나이가 많고 추하며, 문명의 외곽에 살며, 사회에서 추방당한 악인으로서 등장한다. 놀랍게도, 이것은 이전 세기의 마녀로서의 특징의 일부를 포착하고 있다. 그들은 종종 남자 없이 살았던 여성들로서, 독립적이었으며 치유사였고, "마법"을 실제로 행하는 사람들이었다. 그들은 마을 주민들의 상상력과 두려움에 의해 악령으로 변해버린 동물 동반자를 가지기도 했다. 이것은 자신의 결정을 내릴 수 있었고 남자의 지배 아래에 놓이지 않았던 여성들에 대한 과거 시대의 편견과 두려움을 드러내고 있다.

그러나 '헨젤과 그레텔'에서의 마녀는 식인종이며 분명히 아이들의 생명을 위협하는 악한 존재이다. 그녀는 또한 아이들이 부모와 집으로부터 멀어지면 마주치게 되는 위험을 상징한다. 숲은 정말로 불길한 장소이며, 악한 존재들이 숨어있어 경계심 없이 무심코 다가가는 순진한 이들을 납치하고 파괴할 준비를 하고 있다.

✱ 토론 질문

1. '헨젤과 그레텔'의 마녀가 어떻게 생겼다고 생각하는지 묘사해보세요.
2. 이 마녀는 자신의 행동에서 어떤 특성을 보이나요?
3. 이 이야기에서의 마녀가 어쩌다 그렇게 묘사되었을까요?
4. 마녀를 다른 여성과 어떻게 구별할 수 있을까요?
5. 남자도 마녀가 될 수 있을까요?
6. 누군가가 마녀인지 어떻게 알 수 있을까요?
7. 마녀가 되는 것은 항상 나쁜 일일까요? 선한 마녀가 있을 수 있을까요? 만약 그렇다면, 그들은 여전히 마녀일까요?
8. 마녀라는 존재가 없다 해도, 그들에 대해 묘사하고 이야기할 수 있을까요?

＊ 연계 활동

1. 다음 문장을 완성하여 마녀에 대해 설명해보세요. 여러 답변을 모아서 칠판이나 큰 종이 위에 원을 그리고 답변을 작성해보세요.

마녀는 ________________________________처럼 생겼다.

마녀는 ________________________________ 같은 소리를 낸다.

마녀는 ________________________________ 같은 냄새가 난다.

마녀는 ________________________________을(를) 좋아한다.

마녀는 ________________________________을(를) 싫어한다.

마녀는 ________________________________을(를) 한다.

모두 같은 답변을 생각했나요? 각자 적은 내용에 대해 토론하세요.
이러한 특성을 갖고 있는 사람은 마녀뿐인가요?
마녀는 반드시 이러한 특성을 가져야 할까요?

2. '세일럼 마녀 재판'에 대해 읽어보세요.(이 장의 끝에서 제공된 자료를 참조하세요.) 피고자들은 정말로 마녀였을까요? 그렇다고 생각하는 이유나 아니라고 생각하는 이유는 무엇인가요?

[훔치기]

마녀가 아이들을 안으로 초대하기 전에 그 아이들이 마녀로부터 훔치고 거짓말을 했다는 것을 주지해야 한다. 아이들은 마녀의 집을 먹기 시작하고, 그런 다음 쥐가 집을 파먹었다고 주장한다. 물론 그들은 굶주렸지만, 그래도 그들은 훔친 것이 아닌가? 훔치는 것이 옳은 일일 수도 있을까? 우리는 종종 굶주리는 가족을 먹이기 위해 빵 한 덩어리를 훔치는 남자의 예를 들곤 한다. 그러나 (1) 이것도 여전히 훔치는 행위가 아닌가? 그리고 (2) 그가 훔치는 것의 원래 소유자에 대해서는 어떻게 생각해야 할까? 만약 이것이 소유자의 생계 수단이라면 어떻게 해야 할까?

* 토론 질문

1. 헨젤과 그레텔이 그녀의 집을 먹기 시작했을 때 그 마녀로부터 훔친 것인가요?
2. 훔치는 것은 왜 잘못된 행동인가요?
3. 훔치는 것이 옳을 수 있을까요? 그렇다면 왜, 아니라면 왜 그렇게 생각하나요?
4. 무엇을 훔치는지가 중요할까요?
5. 누구로부터 훔치는지가 중요할까요?
6. 누군가가 여러분으로부터 훔치면, 여러분이 그들로부터 훔치는 것은 괜찮을까요?

7. 여러분이 누군가로부터 훔치면, 그들이 여러분으로부터 훔치는 것은 괜찮을까요?

✱ 연계 활동

아래 표의 예시에 대해 토론하고 자신만의 예시를 추가해보세요.

훔친 물건	잘못한 건가요?	왜 그렇게 생각하나요?	질문
돈이 든 지갑			
나의 심장			
퀴즈에 대한 답안			
중요한 시험에 대한 답안			
먹을 음식			
가게에서 파는 싸구려 팔찌			
야구 경기의 첫 번째 베이스			
친구의 자동차 열쇠			
이웃이 학대하고 있는 이웃집 강아지			

[속이기]

헨젤과 그레텔은 늙은 마녀를 속이고 있다고 말할 수 있다. 헨젤은 마녀가 그가 살찌고 있는지 확인하기 위해 손가락을 만져보겠다고 할 때 닭 뼈를 내밀었다. 그리고 그레텔은 오븐을 확인하는 법을 모르는 척하며 마녀가 오븐 안으로 들어가서 보여주려고 할 때 문을 빠르게 닫고 마녀를 태웠다.

우리는 다양한 이유로 사람들을 속인다. 때로는 애정이나 사랑의 표현으로 그렇게 할 때도 있고, 때로는 원한, 싫음 또는 누군가에게 문제를 일으키려는 욕구 때문에 그렇게 할 때도 있다. 속이는 것은 게임을 하는 것과 같을까? 거짓말을 하는 것이나 무언가를 왜곡하는 것과 동등한 것일까? 우리가 누군가를 속일 때 그들을 불공평하게 조종하고 있는 걸까? 아니면 그것은 단순히 유머의 표현일까? 그냥 우정이나 편안함의 표시인 걸까?

누군가를 속이는 것이 좋은 행동인지 나쁜 행동인지 판단하기 위해서는 의도, 결과, 관련된 주체와 대상, 상황에 대한 많은 정보가 필요해 보인다.

* 토론 질문

1. 헨젤과 그레텔이 마녀의 포로일 때 그들은 마녀를 속이고 있었나요? 그렇다면 어떻게 그렇다고 할 수 있을까요, 아니면 왜 그렇지 않은가요?
2. 누군가를 속였던 일이 있나요? 예를 들어 적어보세요.

3. 속이는 것을 재미있는 행동으로 만드는 것은 무엇인가요?
4. 속이는 것이 잘못인 경우는 어떤 경우인가요?
5. 속이는 것이 좋은 행동인지 나쁜 행동인지 판단할 때 누군가를 속이기로 결정한 이유가 중요할까요?
6. 누구를 속이려고 했는지가 속이는 것이 좋은 행동인지 나쁜 행동인지를 판단하는 데 중요할까요?
7. 누군가가 당신을 나쁘게 대하면, 그들을 속이는 것이 괜찮을까요?
8. 속이는 것은 게임을 하는 것과 어떤 점에서 비슷하며 다른가요?

[충실함]

헨젤과 그레텔은 서로에게 충실하고, 마녀로부터 탈출한 후에는 가족을 향한 충실함을 보인다. 아이들은 부모가 그들을 버렸다는 사실을 알고 있음에도 불구하고 집으로 돌아온다. 형제자매나 가족 구성원 간의 충실함은 깊게 이어진다. 가족 간의 밀접한 관계는 우리의 가장 친한 친구조차도 뛰어넘는 가치를 지닌다. 그러나 충실함에는 한계가 있어야 할까? 우리는 우리를 상처 입히는 부모를 포함해 누구에게나 충실해야 할까? 충실함은 고전적인 미덕으로 여겨질 수 있지만, 미덕이 극단적으로 행해진다면 악덕으로 변할 수 있다는 점을 아리스토텔레스로부터 배울 수 있다.

✱ 토론 질문

1. 헨젤과 그레텔은 서로에게 어떻게 충실한가요?
2. 그들은 부모에게도 충실할까요?
3. 충실함을 어떻게 정의할 수 있을까요? 충실함을 나타낸다고 생각하는 세 가지 단어를 선택하고 다른 사람들과 이야기 나누어보세요.
4. 우리는 어떤 것에게 그리고 누구에게 충실함을 지녀야 할까요?
5. 동물에게 충실할 수 있을까요? 나무나 집에 충실할 수 있을까요?
6. 충실함에는 한계가 있어야 할까요? 다음 표를 채워보고 토론해보세요.
7. 누군가를 충실한 시민, 직원, 친구로 만드는 것은 무엇인가요?
8. 충실함에는 정도가 있을까요? 그렇다면 그 정도를 어떻게 결정할까요?

✱ 연계 활동: 어린아이들과 함께 사용하려면 적절하게 수정하세요.

다음 예시를 고려하여 해당 인물이 충실하게 행동한 것인지 아니면 그렇지 않은 것인지 표시하세요. 그리고 왜 그랬는지 생각해보세요. 그들은 충실해야 할까요?

시나리오	사례의 인물은 충실한가요?	그들은 충실해야 하나요?	답변에 대해서 설명하세요.
롭의 여동생이 버스에서 놀림을 당하고 있습니다. 그는 다른 아이들에게 그녀를 내버려 두라고 말합니다.			
루시의 가장 친한 친구가 어젯밤 루시의 집에 있었다는 거짓말을 해 달라고 요청합니다. 루시는 거짓말하기를 거절합니다.			
존은 동료들이 현금 계산대에서 돈을 가져가는 것을 보았습니다. 그들의 상사는 항상 그들에게 몹시 심하게 대합니다. 아무도 그것을 못 봤으니 그냥 조용히 있기로 합니다.			
막다의 부모님은 채식주의자이며 가족이 고기를 먹지 않아야 한다고 주장합니다. 하지만 친구들과 함께 저녁을 먹으러 나갔을 때 햄버거가 맛있어 보입니다. 막다는 친구들의 기분이 상하지 않도록 하기 위해 하나를 먹기로 결심합니다.			

데일은 수학 시험에서 부정행위를 합니다. 전날 그는 집에서 부모님이 다투는 끔찍한 밤을 보냈기 때문에 그랬습니다. 그의 부모님은 그가 아주 좋은 대학에 들어가야 한다고 지나치게 걱정하고 있는데, 이 시험은 학기 말 성적에 중요합니다.			
호아킨은 유치원 때부터 마리오와 가장 친한 친구였습니다. 하지만 새로 전학 온 친구가 너무나 친절해 보여서 그는 마리오 대신 그 친구와 어울리고 싶습니다.			

✱ 참고 자료

산림욕에 대해: Shirin Yoku: http://www.shinrin-yoku.org/shinrin-yoku.html types-forests/

숲의 종류에 대해: https://www.zmescience.com/other/did-you-know/different-types-forests/

길을 잃음에 대해: http://www.grandcanyonwriter.com/2016/04/the-benefits-of-being-lost.html

Solnit, Rebecca. A Field Guide to Getting Lost. New York: Penguin Books, 2006.

A blog post on the advantages of being lost: https://www.andymort.com/get-lost/

세일럼 마녀 재판에 대해

스미스소니언 박물관: https://www.smithsonianmag.com/history/a-brief-history-of-the-salem-witch-trials-175162489/

역사 채널: https://www.history.com/topics/colonial-america/salem-witch-trials

브리태니커 온라인 백과사전: https://www.britannica.com/event/Salem-witch-trials

11장

백설 공주

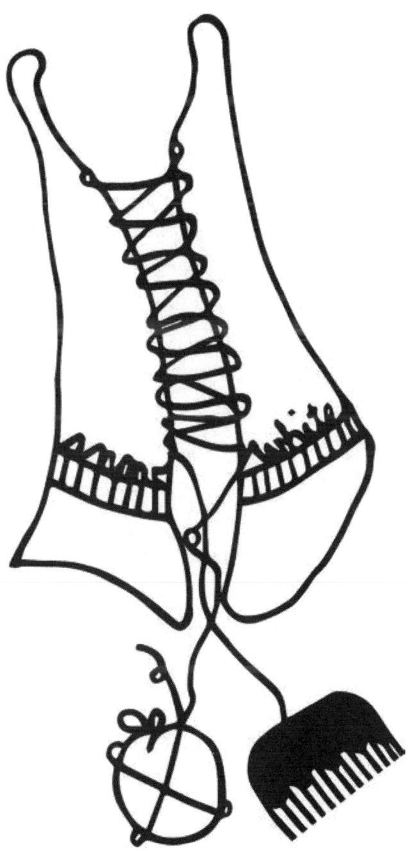

줄거리

이 동화는 디즈니 버전으로 더 잘 알려져 있다. 하지만 디즈니 버전은 그림 형제의 원작에서 몇 가지 변형된 내용이 있기 때문에, 여기서는 원작을 바탕으로 안내하고자 한다. 이 이야기는 여왕이 바느질을 하며 창밖의 눈을 바라보는 장면으로 시작된다. 창밖의 눈을 한참 쳐다보던 여왕은 바늘에 손가락이 찔리고, 하얀 눈 같은 옷에 새빨간 피 한 방울이 떨어진다. 이에 여왕은 "내게 눈처럼 피부가 하얗고, 핏방울처럼 입술이 붉고, 창틀처럼 새까만 머리카락을 가진 아이가 있었으면 좋겠다."라고 바란다. 얼마 후 딸이 태어났고, 여왕은 그녀에게 "백설 공주"라는 이름을 지어주었다. 그러나 오래지 않아 여왕은 세상을 떠나고 만다.

그녀의 남편은 재혼을 했는데, 새 왕비는 자신의 아름다움을 확인하는 데 많은 시간을 보내는 사람이었다. 그녀 방에 있는 거울은 항상 그녀가 이 세상에서 가장 아름답다고 말해주었다. 그러던 어느 날, 거울이 왕비보다 백설 공주가 더 아름답다고 말했다. 이 일로 왕비는 백설 공주에게 질투를 느끼며 분노했다. 끝내 사냥꾼을 시켜 공주를 숲으로 데려가 죽이고, 그녀의 폐와 간을 가져오라고 명령했다. 그러나 사냥꾼은 백설 공주가 제발 살려달라며 간청하고 다시는 성으로 돌아오지 않겠다고 약속했기 때문에, 백설 공주를 숲에서 놓아준다. 그리고 대신 멧돼지의 간과 폐를 가지고 성으로 돌아간다.

백설 공주는 어두운 숲속에서 두려운 마음으로 홀로 방황하며 걷다가 작은 집을 발견한다. 집 안은 먼지 한 톨 없이 깨끗했으며, 7인용 식탁이 있었다. 공주는 접시의 음식들을 조금씩 뜯어 먹고 각 컵에서 한 방울씩의 물을 마셨다. 숲을 헤매느라 지친 공주는 침대에 눕자마자 잠이 들었다. 집에 돌아온 일곱 난쟁이들은 잠이 든 공주를 발견했다. 그들은 잠든 공주를 보자마자 그 아름다움에 반했고, 이곳에서 집안일을 하는 조건으로 함께 집에 머물도록 허락해 주었다. 그들은 백설 공주가 이곳에 오게 되기까지의 이야기를 들은 뒤, 사악한 계모가 다시는 백설 공주를 죽이지 못하도록 낮 동안 아무도 들여보내지 말라고 주의를 준다.

한편 거울로 자신이 세상에서 가장 아름답다는 것을 확인하던 계모는 백설 공주가 난쟁이들과 함께 오두막집에 살고 있다는 사실을 알게 되었다. 그래서 다시 끔찍한 일을 계획한다. 순진한 백설 공주는 연이어 계모의 계획에 속아 넘어간다. 맨 처음 계모는 나이 든 행상인으로 변장하고 난쟁이의 오두막집을 간다. 계모는 친절한 판매원인 것처럼 행동하며 오두막 안으로 들어가, 백설 공주에게 허리를 잘록하게 해주는 여러 색깔의 비단 코르셋을 입어보게 한다. 사악한 계모는 코르셋 끈을 아주 세게 잡아당겼고, 결국 백설 공주는 기절하게 된다. 집에 돌아온 난쟁이들은 기절한 백설 공주가 죽었다고 생각했는데, 코르셋 허리끈을 풀자 그녀는 다시 살아난다. 다시 한번 그들은 낯선 사람을 집 안에 들이지 말라고 엄하게 경고한다.

하지만 백설 공주는 계모의 두 번째 방문에도 문을 열어주었다. 이번에도 늙은 행상인으로 변장한 계모는 독이 든 빗을 백설 공주의 머리에 꽂았고, 백설 공주는 또다시 기절한다. 집에 돌아온 난쟁이들은 빗을 제거하고 다시 그녀의 목숨을 구했다. 세 번째 방문에서, 왕비는 매우 교활하게 사과에 독을 넣어 백설 공주에게 건넸고, 순진한 백설 공주는 독이 든 사과를 먹고 사과를 다 삼키기도 전에 쓰러졌다. 그때 백설 공주의 뺨은 분홍빛이었으나, 난쟁이들이 이번엔 공주가 진짜 죽었다고 생각했다. 그들은 공주의 죽음을 슬퍼하며 오랫동안 그녀를 그 유리관에 보관해둔다.

어느 날, 한 왕자가 그 유리관을 발견하고 공주의 아름다움에 반해 난쟁이들에게 공주를 직접 만나게 해달라고 간청한다. 그래서 난쟁이들은 왕자를 위해 유리관을 옮기기로 한다. 유리관을 옮기던 중 하인 한 명이 다리를 비틀거리다 넘어지고, 그때 공주의 입에 있던 사과 조각이 튀어나오면서 공주는 다시 살아나고 왕자와 결혼하게 된다. 한편 계모는 자신보다 아름다운 사람이 나타났다는 거울의 말을 듣고, 그녀가 누구인지 알아보기 위하여 백설 공주의 결혼식에 간다. 하지만 계모는 불에 데워진 철제 슬리퍼를 신고 죽을 때까지 춤을 추는 비극을 맞는다.

읽기 계획

모든 연령대와 함께 할 수 있지만, 몇 가지 주제는 청소년들에게 더 흥미로울 것이다. 특히 '백설 공주: 페미니스트의 도전'과 같은 문제는 청소년들이 관심을 보일 것 같다. 그래서 우리는 그들을 위해, 오늘날 우리가 직면한 사회적 역할을 이 고전 이야기를 통해 새롭게 바라보고 의문을 제기하며 탐구하도록 질문과 활동을 구성했다. 여러분이 원한다면 어린이들과 시도해 보아도 좋다. 아이들은 이 활동을 통해 질문의 퍼즐을 맞추어 나가는 즐거운 생각을 탐험하게 될 것이다.

탐구 주제

[아름다움과 그 가치]

백설 공주의 계모는 이 이야기에서 악당으로 등장한다. 그녀는 세상에서 가장 아름답다는 지위를 얻기 위해 필사적으로 노력했다. 우리는 계모의 허영심과 시기심을 조롱하기도 하지만, 우리에게도 젊음과 아름다움을 유지하고 싶은 마음, 그리고 드러나지 않게 외모로 사람들을 평가하고자 하는 성향이 있다는 것을 함께 이해해야 한다. 특히 십 대들은 젊고 아름답게 자신을 드러내고 싶지만, 외모와 아름다움에 대한 엄격하고 편협한 사회적 표준에 좌절하고 고통을 받는다. 완벽한 피부와 머리카락, 그리고 날씬한 몸매에 잘 차려입은 외모가 성공과 행복을 줄 것이라는 사회 문화적 통념에 끊임없이 노출되어 있다. 외모중심주의가 비합리적이고 부적절하다는 것을 알면서도, 우리는 이런 통념에 쉽게 유혹된다. 심지어 어린아이들도 자신의 체중과 외모에 대해 걱정을 많이 한다.

이미 어린이와 청소년들은 외모보다 내면의 아름다움이 더 소중하고, 겉으로 보이는 것은 사람을 평가하는 일부분임을 알고 있다. 하지만 실제로 그들은 자기 자신을 여러 가지 외적인 모습으로 판단하고 스스로 실패한 사람이라 평가하며 자신을 과소평가할 때가 많다.

* 토론 질문

1. 여왕은 거울에게 누가 가장 예쁘냐고 묻는 데 시간을 많이 소비합니다. 왜 그럴까요?
2. 우리에게 아름다워지는 것이 중요할까요? 왜 그렇게 생각하나요?
3. 최근 여러분이 미디어에서 본 아름다운 것은 무엇인가요?
4. 아름다운 아기, 아름다운 10대, 아름다운 50대, 아름다운 90대 사이에서 같은 것은 무엇이고 다른 것은 무엇인가요? 이 모두가 아름다울 수 있을까요? 왜 그렇게 생각하나요?
5. '아름다움은 오직 피부 한 꺼풀일 뿐이야.(Beauty is only skin deep.)'라는 말은 무엇을 의미하나요?
6. '그녀는 내면이 아름다워.'라는 말은 어떤 의미인가요? 똑같은 질문을 남자들에게도 할 수 있나요? 왜 그렇게 생각하나요?

* 프로젝트: 아름다움에 대한 우리의 이미지

책이나 잡지, TV와 영화를 보고 아름다움의 예를 찾아보세요. 미디어에서 보여주는 아름다움에 대한 기준을 찾아 목록을 만들고 서로 나누어 봅시다. 커다란 종이에 포스터로 꾸며도 좋습니다. 백설 공주 이야기처럼 동화는 아름다움의 힘을 보여줍니다. 아름다움은 힘인가요? 아름다움이 힘이어야 할까요?

✱ 프로젝트: 아름다움의 변화

아름다움에 대한 우리의 개념이나 기준이 시간과 문화에 따라 어떻게 변했는지 조사해봅시다. 그리고 그 과정에서 발견한 아름다움의 의미를 각자 정의해보세요.

[식인 풍습]

그림 형제의 백설 공주 버전에서는 계모가 사냥꾼에게 백설 공주를 죽이고 그녀의 간과 폐를 가져오라고 한다. 끔찍한 장면이다. 왜 계모는 이 두 장기를 선택했을까? 왜 우리는 사람을 먹는다는 것을 생각하기만 해도 혐오스러울까? 이 주제는 십 대 청소년이나 성인에게 적절한데, 어느 정도 주의가 필요하다.

우리는 식인 풍습을 특정한 부족에 한정하거나 아주 먼 옛날 일로 치부하지만, 최근에도 인간이 서로를 잡아먹은 사례가 있었다. 1840년대 눈 덮인 시에라네바다산맥에서 몇 달 동안 고립되었을 때 벌어진 도너 파티와 1972년 안데스산맥의 비행기 추락 사고에서 일부 젊은이들이 생존을 위해 사람을 먹었던 경우다. 물론 이것은 극한 상황이다. 그렇다면 특수한 상황에서는 식인이 정당화될 수 있을까? 만약 그렇다면, 그 기준은 무엇일까?

✱ 토론 질문

1. 여왕은 백설 공주의 폐와 간을 먹고 싶어 했습니다. 왜 그랬을까요?
2. 오늘날 식인 풍습이 금기시되는 이유는 무엇일까요?
3. 이미 죽은 사람을 먹는 것도 잘못인가요? 왜 그렇게 생각했나요?
4. "구명보트 딜레마"에서는 누가 구명보트를 탈지 순위를 매겨야 합니다. 그런 상황에서 우리는 정말로 순위를 매길 수 있을까요? 만약 그렇다면 어떻게 순위를 매겨야 공정할까요?
5. 우리는 다른 사람들이 익숙하게 받아들이는 관행에 대해 비판할 수 있나요? 그렇다면, 어떤 근거로 비판할 수 있나요? 그렇지 않다면, 관행은 절대 바뀔 수 없는 걸까요?

✱ 조사 프로젝트: 식인 풍습에 대한 찬반토론

1840년대의 도너 파티와 1972년대에 비행기가 추락하여 벌어진 이야기처럼, 생존을 위한 식인 사례들이 있습니다. 식인이 용인될 수도 있는 사례를 찾아보고, 그때의 상황, 관련된 개인, 그리고 그들이 내려야 했던 결정에 관해 탐색해봅시다.

상황에 따른 윤리에 대해 논쟁할 수 있는 사례를 만들어봅시다. 등장인물과 시대 배경과 사건을 설정하고, 서로 다른 선택지들이 가진 가능한 정당성을 살펴봅시다. 적은 잡아먹어야 한다는 믿음을 가지고 실행한 아주 오래 전 토착 사회에 대해 생각해봅시다. 그들의 믿음은 정당한 것인가요?

우리가 그 정당성에 대해 옳고 그름을 따질 수는 있나요?

[여자/남자의 역할]

고전 동화에서 여성은 대개 남성이 자신을 구해주길 기다리는 모습으로 묘사된다. 특히 백설 공주 이야기에 등장하는 성역할 구분은 터무니없게 여겨지기도 한다. 자기보다 아름다운 여자를 모조리 없애버리려는 질투심 많은 나이 든 여성, 가정부라는 전형적인 여성의 임무를 부여받은 어리숙하고 영리하지 못한 어린 미녀, 그리고 그녀가 아름답다는 이유만으로 잠자는 소녀를 구하고 결혼을 선택하는 왕자의 설정은 다시 한번 살펴봐야 한다.

따라서 이 동화의 행복한 결말만을 즐기지 말고, 그 속에 숨겨진 의미들을 자세히 살펴보아야 한다. 이 이야기는 여자는 남자의 도움을 받아야 하고 남자는 도움이 필요한 여자를 구해야 한다는 기대를 어린 독자들에게 심어주는 것이 아닐까?

* 토론 질문

1. 이 고전 동화에서 여성과 남성의 위치와 역할은 무엇인가요? 동화에 나오는 성에 따른 역할 목록을 작성하고, 이것이 오늘날 우리에게 친숙한지 토론해 봅시다.
2. 우리 문화에서 여성이나 남성이 더 잘 수행하는 일이 따로 있나요? 있

다면 어떤 것인가요?

3. 여성이 남성보다 더 나은 양육자인가요? 왜 그렇게 생각하나요? 다른 사람을 잘 돌보려면 어떤 특성이 필요할까요?
4. 남성이 여성보다 특정 직업이나 직무를 더 잘하나요? 어떤 일이 그런가요? 또는 왜 그렇지 않은가요? 이유를 대고 적절한 사례를 찾아 구체적으로 설명해 보세요.
5. 백설 공주와 같은 이야기는 아이들이 미래의 사회에서 자신에 대해 이해하고 자신의 역할을 잘 하는 데 도움이 될까요? 아니면 어떤 점에서 문제가 될 수 있을까요?
6. 남성과 여성이 성별에 따라 다른 역할을 맡는 것이 사회가 잘 기능하는 데 도움이 된다면, 그렇게 나쁜 일일까요?

* 연계 활동

다음의 표에 나오는 일을 남성이 더 많이 하는지, 여성이 더 많이 하고 있는지, 아니면 둘 다 하고 있는지 표시해 보세요. 원하면, 보기의 일에 형용사나 부사 등을 덧붙여서 좀 더 구체화할 수도 있습니다. 보기에 다른 사례를 추가해도 좋습니다.

여러 가지 일	여자가 더 많이 한다.	남자가 더 많이 한다.	둘 다 동등하게 한다.	선택 이유
도시의 화재 진압				
환자 진료 및 치료				
유치원 교사				
대규모 낙농업 경영				
집 청소				
정원 가꾸기				
해양 구조				
경찰관				
발레리나				
엔지니어				
아기 양육				

[왕자를 기다리나요?]

이 동화는 유리관 속 공주의 아름다움에 빠진 왕자가 백설 공주를 구출하면서 이야기가 마무리된다. 왕자는 아름다운 백설 공주를 계속 보려고 유리관을 집으로 가져가려 하는데, 우리에게는 이 부분이 좀 섬뜩하게 여겨지기도 한다. 이러한 장면에 대해 청소년들은 의문을 제기할 수 있다. 청소년들에게 결말을 다시 쓰게 하거나 아예 이야기 전체를 재구성할 기회를 주는 것도 좋다. 남녀 모두를 경직된 고정관념에서 자유롭게 할 새로운 이야기가 탄생할 수도 있다.

* 프로젝트

일반적인 남성, 여성, 성별에 대한 현재 우리의 관점이 드러나도록 이 동화를 다시 쓸 수 있을까요? 창의적인 프로젝트 작업을 함께 해봅시다.

- 현대적인 감성을 가지고 〈백설 공주〉를 단편소설로 다시 써보기
- 현재 시간으로 업데이트된 〈백설 공주〉 영화 장면 짜보기
- 〈백설 공주〉와 다른 성격의 노래 찾거나 만들기
- 그 외 여러분이 창의적으로 해 보고 싶은 것 해보기

* 참고 자료

미국 서부개척의 이면, '도너 파티'의 비극
https://www.yna.co.kr/view/AKR20170708024600071
1970년대 비행기 추락과 인육 사건, 안데스의 기적
https://weekly.chosun.com/news/articleView.html?idxno=22352
넷플릭스 영화 - 소사이어티 오브 더 스노

＊ 한글 번역본

그림책: 백설 공주와 일곱 난쟁이, 그림 형제 글, 랜달 자렐 엮음, 비룡소, 2004
http://aladin.kr/p/gF8eY
고전: 백설 공주, 그림 형제 글, 천은실, 김향미 옮김, 인디고, 2010
https://www.aladin.co.kr/shop/wproduct.aspx?ItemId=7778779

12장

장화 신은 고양이

줄거리

이 동화는 꽤 문제가 많다. 주인공이 영리하고 매력적인 고양이임에도 불구하고 독자들에게는 의문의 여지가 많다. 고양이는 보편적으로 선호되지 않는 편이었고, 지금도 여전히 교활하고 음흉한 존재로 여겨진다. 이 이야기의 주인공 고양이에게는 색다른 점이 몇 가지 있다. 이 고양이는 말할 수 있고, 부츠 한 켤레를 신겠다고 고집하며, 처음부터 자기를 별로 좋아하지 않았던 주인을 돕기 위해 전적으로 헌신한다.

이 이야기는 주인을 위해 모든 것을 해내는 전략가의 운명적이고 익살스러운 반전을 다루고 있는 샤를 페로의 작품이다. 이야기는 맏아들부터 막내아들까지 순서대로 방앗간, 당나귀, 고양이를 세 아들에게 유산으로 남긴 방앗간 주인의 죽음으로 시작된다.

막내아들은 고양이가 자신의 생계를 돕는 일에 소용이 별로 없다고 투덜거린다. 고양이를 가지고 할 수 있는 거라고는 고양이를 먹어 치우고 그 털로 토시를 만드는 것 정도라는 것이다. 이 말을 엿들은 고양이는 도망가버리는 대신에 자신의 불행한 주인이 성공할 수 있도록 도와주겠다고 제안한다. 그가 요구한 거라고는 17세기 기사나 착용할 법한 승마화 한 켤레와 주머니뿐이다.

고양이는 사냥 기술을 이용해 여러 종류의 사냥감을 잡아 왕에게 바치고, 그때마다 주인인 카라바스 후작이 주는 선물이라고 말한다. 계속해서 선물을 받게 되자 왕은 고양이를 친근하게 여기게 되고, 고양이뿐 아니라 그 주인의 충성심에도 고마움을 느끼게 된다. 어느 누구도 옷을 입고 말하는 고양이를 이상하다고 여기지 않는 것 같다.

왕과 아름다운 공주가 야외에서 산책할 때 젊은 농부가 헤엄치고 있는 강 옆을 지나게 된다. 그곳은 고양이가 안내한 곳이다. 고양이가 자기 주인이 물에 빠졌다며 울부짖자 왕은 부하들에게 막내아들을 구하라고 명령한다. 왕은 막내아들에게 좋은 옷을 입힌다. 왕이 그 막내아들을 칭찬할 때, 공주는 그 청년이 꽤 잘생겼다는 것을 알아차리고 홀딱 반해버린다.

마차에 초대받은 막내아들은 고양이가 전략을 짜는 동안 아름다운 공주와 왕과 함께 마차를 타고 간다. 고양이는 풀 베는 사람들과 곡식을 수확하는 농부들을 협박해 그들이 일하고 있는 땅이 후작의 땅이라고 말하게 한다. 왕은 이 청년이 꽤나 부유하고 앞날이 창창한 사람이라고 여기기 시작한다.

한편 고양이는 마법으로 무엇이든 바꿀 수 있다는 괴물의 성을 향해 전력으로 질주한다. 고양이는 괴물을 속여서 무서운 사자로 변해 보라고 했다가 다시 쥐로 변하게 한다. 힘을 자랑하던 괴물이 쥐로 변하자마자, 고양이는 그 위로 뛰어올라 쥐로 변한 괴물을 잡아먹는다. 왕과 수행원들이 도착했을 때, 고양이는 그들 모두를 자기 주인의 궁전으로 초대한다.

일행이 푸짐한 식사를 즐길 때, 왕은 공주의 손을 막내아들의 손에 쥐여 준다. 이야기가 끝날 즈음에 고양이는 영주가 되어, 더 이상은 자기 식사를 위해 굳이 사냥할 필요가 없게 된다. 이 이야기는 두 가지의 이상한 교훈으로 마무리된다. 하나는 부를 상속받는 그 이상으로 근면함이 지닌 강점을 칭송하는 것이고, 다른 하나는 아이러니하게도 가난한 젊은이가 공주의 마음을 얻는, 부자들에게 눈엣가시 같은 일에 대해 언급하고 있다.

적정 연령

이 이야기는 어린이부터 청소년과 어른까지 모두 즐길 수 있는 내용이다. 참여자에 따라 여러분이 적절하다고 생각하는 탐구 주제를 선택할 수 있다. 또한 참여자들이 자신의 흥미에 따라 탐구 주제와 토론 질문을 선택하거나 만들 수 있다.

읽기 계획

이 이야기는 아이들에게 친숙하지만 서로 다른 판본이 여러 개 있다. 젊은이가 자기를 돕는 고양이를 냉담하게 죽이는 판본도 있지만, 대부분 행복한 결말을 맞는다. 비교적 짧아서 함께 읽거나 돌아가면서 큰 소리로 읽기에 좋다.

그러나 이 특별한 동화는 몇 가지 문제점을 제기한다. 어떠한 대가를 치르더라도 성공해야 하는가? 최종 결과가 좋다면 사기를 쳐도 되는가?

참여자들은 고양이를 영웅으로 볼 수도 있지만, 그의 동기와 방법에 대해서 의문을 제기할 수도 있다. 우리는 여기서 탐욕과 물질주의를 발견할 수 있을까? 농부와 공주는 정말 영원히 행복하게 살고 있을까? 아니면, 고양이는 그저 단순히 자기가 좋아하는 사람을 돌보려는 사랑스러운 전략가일 뿐일 수도 있다.

탐구 주제

[속임수]

이 전체 이야기는 정교한 속임수 또는 기만적인 행동을 중심으로 전개된다. 고양이는 끈질기게 왕에게 주인에 대한 사실을 거짓으로 전하고, 이 작전은 결국 큰 성과를 거둔다. 이 불행한 젊은이를 좋아한다는 이유로 이러한 행동을 묵과해야 할까? 아니면, 우리는 고양이의 창의성에 감탄해야 할까? 혹은, 말하는 고양이를 믿는 사람이라면 속여도 된다고 생각하는가? 여러분은 이런 것에 대해 어떻게 생각하는가?

✱ 토론 질문

1. 이 이야기에서 고양이는 기만적인 행동을 몇 번이나 하나요? 모두 찾아 보세요.
2. 모든 기만 행위는 거짓인가요?
3. 여러분은 진실을 말함으로써 누군가를 속일 수 있나요? 만약 그렇다면, 어떻게 그럴 수 있나요?

4. 만약 여러분이 좋은 목적을 위해 누군가를 속인다면, 그것은 옳은가요? 예를 제시하고 왜 긍정적인지 또는 왜 부정적인지 설명하세요.
5. 기만을 당할만하다고 생각되는 사람이나 상황이 있나요? 있다면 어떤 사람 혹은 상황인지 구체적으로 설명해 보세요. 시나리오를 창작해보아도 좋습니다.
6. 만약 누군가가 속으면, 그들은 사실을 알아내지 못했거나 속은 것에 대한 책임이 있나요?

＊ 연계 활동

다음 표에서, 이 행위가 속임수인지 아닌지, 그리고 그 행위가 그릇된 일인지, 아니면 괜찮은 건지 결정해 보세요.

기만 행위	잘못된 일	괜찮은 일	이유
진수는 태인이와 카드놀이를 하고 있는데 자신이 나쁜 카드 패를 가지고 있다고 태인이가 생각하도록 속이기 위해 걱정하는 척하고 있다.			
지호는 그의 상사에게 면전에서는 항상 친절하고 공손하지만 뒤에서는 매우 헐뜯고 있다.			
민아의 할머니는 연세가 많고 알츠하이머를 앓고 계신다. 민아 엄마는 민아 할머니가 할머니의 남편인 민아 할아버지가 아직 살아 있다고 생각하시도록 하고 있다.			

도현이는 예술 프로젝트에 도움이 절실하게 필요하다. 그래서 그는 친구에게 도움을 좀 받기 위해 손목이 삐끗했다고 거짓말을 한다.			
지유의 친구는 일에 전혀 어울리지 않는 옷을 입고 있지만, 지유는 친구를 칭찬하며 멋져 보인다고 말한다.			
현수는 준수와 가장 친한 친구이지만 승윤이를 정말로 더 좋아한다. 그렇지만 준수에게는 이 사실에 대해 어떤 말도 하지 않기로 결심한다.			

[친구들]

고양이는 젊은 주인의 멋진 친구 같다. 고양이는 몇 번이고 주인을 돕는다. 결국, 주인은 고양이를 영주로 만들어 고양이의 도움에 대해 보상한다. 친구들은 서로를 돌본다, 그렇지 않은가? 그러나 이야기 속 고양이의 행동은 어떤 식으로든 우정에 대한 우려 섞인 질문을 제기한다. 비록 그것이 젊은 주인을 돕기 위한 것이라 할지라도, 고양이가 거짓말을 계속한다면 정말 그를 친구라고 할 수 있을까? 우리는 친구들에게 무엇을 빚지고 있으며, 또 그 의무의 한계를 어디까지 경계 지어야 하는가? 우리는 우정이 다양한 형태로 나타날 때, 친구에 대한 의무의 정도를 어떻게 결정할 수 있을까?

✱ 토론 질문

1. 이 이야기에서, 고양이는 젊은 주인에게 진정한 친구처럼 행동합니다. 왜 이것이 고양이의 입장에서 놀라운 행동인가요?
2. 누군가와 친구가 되는 이유는 무엇인가요? 어떤 사람과 친구가 되기 위해 필요하다고 생각하는 특성들을 모두 나열해 보세요.
3. 친구가 나쁜 친구가 될 수 있을까요? 아니면 우정은 모두 좋은 건가요? 여러분의 답과 그 이유를 설명해 보세요.
4. 만약 친구가 여러분을 대신해서 나쁜 행동을 해도 여전히 여러분의 친구인가요? (주인공 고양이는 진정한 친구가 아닐 수도 있나요?)
5. 우정에 다양한 종류나 정도가 있나요? 표로 만들어서 여러분의 답을 설명해 보세요.
6. 우리는 고양이와 친구가 될 수 있을까요? 아니면 다른 동물과는요? 어떤 동물이 있나요? 아니면 단지 일부 동물과만 가능할까요?

[고양이]

보통 고양이는 동화에서 좋은 대우를 받지 못한다. 고양이는 마녀와 친밀한 관계이거나 아무런 대처도 하지 않고 있는 작은 쥐를 먹는다. 하지만 이 이야기에서 고양이는 영웅이다. 아니면 일종의 반영웅일까? 물론 여기에서는 그저 평범한 고양이가 아니라, 특별한 능력을 지닌, 즉 왕이나 농부들과 이야기하고 사교적인 예의를 갖춘 고양이이다. 이 고양이는 철저히

의인화되어, 인간과 같은 캐릭터로 변신한다. 우리는 또한 방앗간 주인이나 그의 아들들과 같은 하층 계급의 노동자들과, 지상에서 가장 높은 귀족 계급인 왕과 공주가 사는 두 세계를 연결하는 고양이를 볼 수 있다.

이것은 고양이의 본질에 대해 무엇을 드러내는가? 길들여진 종으로서, 고양이의 본성은 인간과 그들의 필요와 욕망에 의해 적극적으로 형성되어 왔다. 이것은 좋은 것인가, 나쁜 것인가? 그리고 고양이들은 오늘날 우리에게 어떤 생태적인 문제들을 심각하게 일으키고 있는가?

✱ 토론 질문

1. 이 이야기의 주인공은 틀림없이 고양이입니다. 이 고양이는 여러분이 알고 있는 고양이와 어떻게 다른가요?
2. 무엇이 고양이를 고양이로 만들까요? 이 동물의 정의와 특징을 찾아보세요.
3. 고양이와 인간은 어떻게 역사를 통해 함께 유대감을 갖게 되었나요?
4. 여러분은 고양이를 싫어하나요? 왜 그런가요?
5. 많은 동화에서 고양이는 두려운 존재로 등장합니다. 심지어 오늘날에도, 어떤 사람들은 고양이를 무서워합니다. 왜 그럴까요?
6. 장화 신은 고양이가 말하는 동안, 많은 사람들은 고양이가 그들만의 방식으로 의사소통할 수 있다고 생각합니다. 여러분은 어떻게 생각하나요?
7. 고양이는 종종 생태계에 손상을 입힐 수 있습니다. 어떻게 이런 일이

발생하는 걸까요? 이 사실로 인해 우리가 고양이를 대하는 태도를 바꿔야 할까요?

8. 만약 고양이가 고양이답게 행동해서, 그들이 새를 죽이거나 작은 생물체를 다치게 한다면 우리는 고양이를 비난할 수 있을까요?

✱ 프로젝트

길들여진 고양이가 환경에 미치는 영향에 대해 연구하는 프로젝트를 진행해 봅시다. 고양이는 특히 노래하는 새들에게 치명적인 존재입니다. 고양이에 대한 포스터를 만들어 보아도 좋습니다.

- 고양이의 역사
- 다양한 품종
- 고양이가 인간을 돕는 방법
- 또한 고양이가 가지고 있는 환경적 영향과 가능한 해결책
- 고양이가 유발하는 질문들

다른 참여자들과 포스터를 공유하거나 적절한 장소에 전시해 보세요.

[거짓말]

거짓말은 한 사람이 다른 사람에게 진실이 아닌 것으로 알고 있는 어떤

것을 믿게 하려는 의도로 말하는 일종의 기만 행위이다. 앞에서 제시한 것처럼, 우리는 때때로 다른 사람을 돕기 위해 거짓말을 할 수도 있다. 하지만 거짓말은 과연 정당한가? 우리는 거짓말을 비난하기 위해 또는 어떤 경우에는 그것을 정당한 행동으로 허용하기 위해 어떤 기준을 적용할 것인가? 그리고 모든 거짓말은 언어적일까? 침묵하고도 거짓말을 할 수 있는가? 아니면, 말로 하지는 않지만 몸으로 표현하는 의사소통을 통해 거짓말을 할 수 있을까?

✱ 토론 질문

1. 우리 이야기에서 고양이는 왕과 공주를 속이기 위해 많은 거짓말을 합니다. 이 이야기에 나오는 거짓말은 어떤 것이 있나요?
2. 거짓말을 한다는 사실을 인식하지 못한 채 다른 이에게 거짓말을 할 수 있나요?
3. 거짓말은 옳은 행동일까요? 설명해 보세요.
4. 왜 우리는 거짓말을 주로 나쁜 행동으로 여기는 걸까요?
5. 말하지 않고도 거짓말을 할 수 있나요? 예를 들어보세요.
6. 무엇이 거짓말을 거짓말로 만들까요? 다음 목록에서 필요한 모든 기준을 찾아 보세요.

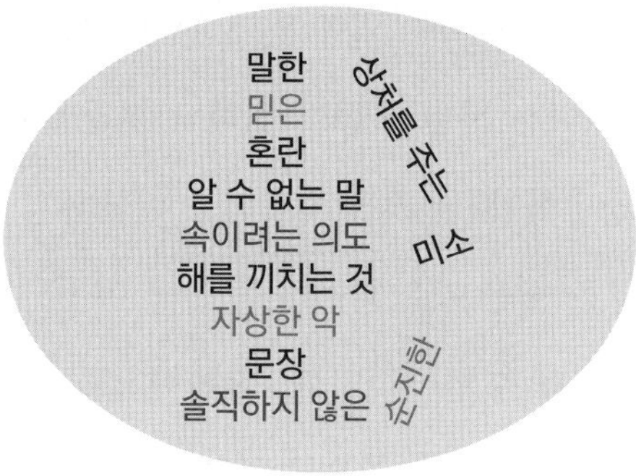

7. 아무도 여러분의 말을 믿지 않는다면, 여러분은 여전히 거짓말을 하고 있는 건가요?

[성공과 중요한 것]

이 이야기의 핵심 주제 중 하나는 성공으로 향하는 길이다. 막내아들은 인생에서 성공할 수 있도록 도와줄 아버지로부터 아무것도 받지 못했다며 슬퍼한다. 하지만 고양이는 상황을 바꾸기 위해 매우 열심히 노력한다. 우리는 이 이야기에서 성공에 대한 어떤 전망을 내다볼 수 있는가? 어느 정도까지가 우리 자신의 성공 모델에 가깝다고 생각하는가? 사랑, 부, 좋은 물건과 지위의 중요성에 대해 질문할 거리가 있는가?

* 토론 질문

1. 막내아들이 무엇을 원하는지 여러분이 생각하는 부분을 이야기에서

찾아볼 수 있나요?

2. 왕은 고양이가 주는 선물과 고양이의 말을 바탕으로 고양이의 주인에게 깊은 인상을 받습니다. 왕이 막내아들을 보기도 전에 그 젊은이를 좋아할 수 있었던 이유는 무엇인가요?
3. 다음 등장인물이 중요한 가치로 여기는 것은 무엇인가요?

- 고양이
- 막내아들
- 왕
- 왕의 딸인 공주

4. 각 등장인물들은 왜 자신만의 가치를 추구했을까요? 여기에 그 이야기에 대한 여러분만의 해석을 덧붙여 보세요.
5. 이러한 가치와 목표는 오늘날 어느 정도까지 중요한가요?
6. 만약 여러분이 가치를 부여할 목표 하나를 선택할 수 있다면, 그것은 무엇이고 그 이유는 무엇인가요? 여러분의 생각을 다른 사람들의 생각과 비교해 보세요.

[물질주의]

물질주의는 평판이 나쁘다. 마치 누군가가 천박하고 점점 더 많은 물질을 갖는 것에 집착하는 것처럼 들린다. 하지만 우리는 이런 반짝이는 물질들을 간절히 구한다. 확실히, 이 동화에서 초점은 땅과 성을 소유하고 또 높은 지위의 아름다운 공주와 결혼하는 데 맞춰져 있다.

우리 모두는 이런 물질적인 요소가 모두 중요하지 않다고 입바른 말을 할 수 있지만, 동화에서뿐만 아니라 우리 현실 세계에서도 물질 소유가 성공과 선한 삶의 궁극적인 상징이라는 점에 주목할 필요가 있다. 광고하는 모든 것을 우리가 구매한다면, 우리 또한 '영원히 행복하게 살 것'을 보장하는 이런저런 광고의 홍수 속에 계속 살게 된다.

물질주의의 핵심에 도달하는 한 가지 방법은 우리가 행복해지기 위해 진정으로 필요한 물질적인 적절함이 무엇인지 탐구하는 것이다. 우리에게 필요한 것이 사랑뿐이라는 고상한 소리는 진부하지만, 그럼에도 우리는 사실 행복하고 성취감 있는 삶을 살기 위해 중요한 물질적 선이 필요하다. 모든 물질이 나쁜 것은 아니다.

* 토론 질문

1. 이 이야기에서 막내아들은 결국 많은 부를 얻게 됩니다. 그가 얻게 된 부는 무엇인가요?
2. 여러분에게 중요해서 소유해야 하는 물건에는 무엇이 있나요? 그 이유는 무엇인가요?
3. 무엇을 가지고 싶나요? 가장 가지고 싶은 상위 5가지의 목록을 만드세요.
4. 여러분이 가진 것 중에서 잃어버렸을 때 가장 아쉬울 만한 것, 세 가

지를 골라 써보세요.

5. 우리는 원하는 것과 필요한 것을 구분하기도 합니다. 위의 3번과 4번 답 목록 중에서 여러분이 원하는 것에는 '원'이라고 표시하고, 필요한 것에는 '필'이라고 표시해 보세요.

✱ 연계 활동

다음 표에서 대상이 필요한 것인지, 원하는 것인지, 또는 둘 다인지 선택하고, 그렇게 선택한 이유를 설명해 보세요.

대상	필요한 것	원하는 것	둘 다	이유
새 옷				
자전거				
펜				
음식				
친구				
반려동물				
일				
물				
약				
명성				
수학 고득점				

자신의 표를 다른 사람의 표와 서로 비교하고 함께 논의해 봅시다.

[의도/결과]

이 이야기에서 고양이는 자신을 위해서가 아니라 주인을 돕기 위해서라는 이타적인 이유로 은연중에 나쁜 일을 많이 한다. 그렇다면, 고양이는 자신의 도움에 대한 좋은 보상을 기대하고 그것에 의해 동기 부여를 받았을까? 사람의 의도는 자신의 행동의 결과보다 훨씬 더 중요하지만 항상 그런 것은 아니다. 우리는 영웅적인 고양이가 사용한 수단에 주목해야 할까, 아니면 단순히 고양이의 계략으로 모든 것을 얻게 된 젊은이를 기뻐해야 할까?

속임수를 쓰는 많은 사람들은 좋은 목적을 위해서나 아니면 그럴만한 사람에게 되갚기 위해서 끔찍한 일을 저지르는 사랑스러운 악당이다. 그게 중요한 문제일까? 그렇다면, 고양이가 가장 관심을 가지고 걱정했던 것은 자신의 주인에 대한 일이었을까, 아니면 자신의 복지였을까?

* 토론 질문

1. 이 이야기의 각 등장인물은 자신의 행동에 대해 어떤 의도를 드러내나요?
2. 고양이는 괴물을 속이고 결국 그를 잡아먹습니다. 이것은 좋은 행동인가요, 아니면 나쁜 행동인가요? 그리고 그 이유는 무엇인가요?
3. 만약 여러분이 좋은 의도를 가지고 있다면, 그 의도가 여러분의 결정에 의해 초래된 결과보다 더 중요한가요? 자신의 답에 대한 예를 들어

보세요.

4. 우리는 사람의 행동을 보고 항상 그 의도를 알 수 있을까요?
5. 우리는 결정을 내리는 일에 대한 자신의 의도를 알 수 있나요?
6. 판단하고 행동하기 전에 자신의 의도를 아는 것이 중요한가요? 왜 그런가요?

✱ 연계 활동

다음 표에 나열된 내용 요소로 다양한 조합을 해 보고 이를 설명할 수 있는 이야기나 시나리오를 써 보세요. 이 활동은 의사 결정에 대한 도덕성을 판단함에 있어서 우리에게 무엇을 알려 주나요?

의도	나쁜 결과	좋은 결과
좋은 의도		
나쁜 의도		
불확실한 의도		

13장

골디락스와 곰 세 마리

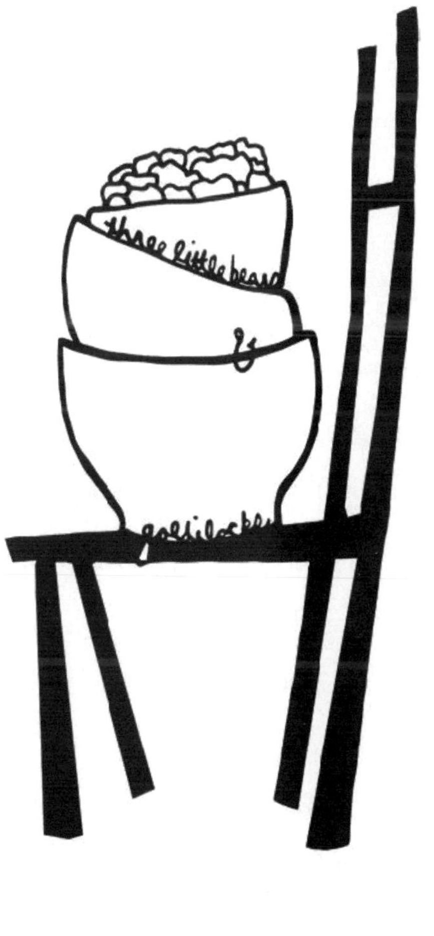

줄거리

이 이야기에는 골디락스라는 이름을 가진 어린 소녀와 곰 세 마리가 등장한다. 때로 곰 세 마리는 엄마 곰, 아빠 곰, 아기 곰으로 묘사되기도 하고, 어떤 판본에서는 작은 곰, 중간 크기 곰, 큰 곰으로 등장하기도 한다. 곰에게는 저마다 자기 몸에 알맞은 접시와 컵, 의자, 침대가 있다.

어느 날, 세 마리 곰은 뜨거운 죽이 식을 동안 산책을 하기로 한다. 그 사이에 골디락스라는 한 소녀가 곰의 집 문을 살펴보고, 창문으로 슬쩍 들여다보고, 열쇠 구멍으로 집 안을 살피고는 아무도 없는 것을 발견하고 집 안으로 들어간다. 들어가자마자 소녀는 식탁 위에 있는 죽을 발견하고 먹어본다. 큰 곰의 죽은 너무 뜨거웠고 중간 곰의 죽은 너무 차가웠다. 하지만 작은 곰의 죽은 먹기에 딱 좋았다. 소녀는 세 개의 의자에도 앉아 보았다. 큰 곰의 의자는 너무 딱딱했고 중간 곰의 의자는 너무 부드러웠고, 작은 곰의 의자는 앉아 있기에 완벽했다. 의자에서 떨어지기 전까진 말이다. 소녀는 위층으로 올라가 세 개의 침대에 한 번씩 누워 보았다. 큰 곰의 침대는 너무 딱딱했고, 중간 곰의 침대는 너무 푹신했고, 아기 곰의 침대는 눕기에 딱 좋았다. 다른 판본에서는 큰 곰의 침대는 머리 쪽이 너무 높고, 중간 곰의 침대는 발 쪽이 너무 높았고, 아기 곰의 침대는 딱 좋아서 침대에 눕자마자 잠이 들었다고 한다.

산책을 마친 곰들이 집에 돌아왔을 때, 그들은 누군가 자신의 죽을 먹어보고 의자에 앉았었다는 것을 발견한다. 작은 곰은 자기 죽이 사라지고, 자기 의자가 부러진 것을 보고 큰 소리로 울었다. 위층으로 올라가 보니 침대는 어지럽혀져 있고, 작은 곰의 침대에는 이 모든 잘못을 저지른 소녀가 잠들어 있었다. 세 마리 곰은 소녀를 가만히 바라보고 있었는데, 잠에서 깬 골디락스는 깜짝 놀라 창문 밖으로 뛰어나간다. 짐작건대 집으로 돌아갔을 것이다. 어떤 판본에서는 이야기 내내 곰들이 얼마나 남을 잘 믿는지, 골디락스의 행동이 얼마나 무례한지, 무단침입에 비하면 곰의 행동은 얼마나 선한 것인지에 대한 윤리적 판단을 표현하기도 했다.

읽기 계획

이야기 속의 곰들의 표정과 행동은 매우 인간적이다. 세 마리 곰에게 벌어지는 일들은 각각의 목소리로 그 행동이 반복되어 표현된다. 반복되는 사건의 후렴구가 노래와 시처럼 느껴져 소리 내어 읽으면 더욱 재미있다. 이 이야기는 아이들에게 매우 친숙한 소재이며, 철학적 탐구를 하기에 좋은 점을 가지고 있다. 우리가 제안하는 탐구 주제와 활동은 주로 초등학생을 대상으로 하지만, 청소년이나 어른들도 함께 할 수 있다.

탐구 주제

[동물과 사람]

이 이야기는 사람과 매우 비슷하게 행동하는 곰 세 마리를 소개한다. 그 곰들은 집에 살고, 의자와 침대를 가지고 있으며, 사람처럼 의사소통을 한다. 하지만 실제로 동물은 사람처럼 살지 않는다. 그럼에도 불구하고 이 작가는 동물도 사람과 비슷한 기본적인 욕구를 가지고 있을 것이라 생각했다. 아마도 아이들도 동물이 어떻게 사는지 동물의 생활 방식에 대해 호기심을 가지고 있을 것이다. 다 함께 동물과 사람에 관해 탐구해보자.

* 토론 질문

1. 이 이야기에 나오는 동물들이 진짜 곰처럼 보이나요? 왜 그런가요? 왜 그렇지 않은가요?
2. 실제로 곰에게도 집이 있나요? 있다면, 어떤 종류의 집인가요?
3. 곰은 죽을 먹나요? 곰은 무엇을 먹나요?
4. 곰은 침대를 사용하나요? 어떤 종류의 침대인가요?
5. 동물들이 우리처럼 사는 방법에는 어떤 것이 있나요?
6. 동물들이 우리와 다르게 사는 방법에는 어떤 것이 있나요?

* 연계 활동

동물 목록을 만들어 봅시다. 그리고 그 동물의 생활에 대해 탐구해봅시다. 각 동물의 "생활 방식"을 포스터나 콜라주로 만들어 보아도 좋습니다.

- 어떤 종류의 집이나 은신처가 필요한가요?
- 무엇을 먹고 사나요?
- 어떤 도구를 사용하나요?
- 서로 어떻게 소통하나요?

[호기심과 예의]

골디락스는 호기심이 많은 어린 소녀이다. 대부분의 경우, 호기심은 좋은 자질이라고 여겨지지만, 골디락스의 호기심은 너무 지나친 게 아닐까? 호기심이 바람직하지 못한 경우는 언제인가? 그것을 어떻게 판단할 수 있을까? 호기심 때문에 위험한 상황에 처한다면? 타인의 경계선을 넘는다면, 그것은 적절한 호기심일까? 호기심이 많은 골디락스는 적절한 예의를 보이고 있는 것일까? 이에 관해 탐구해보자.

* 토론 질문

1. 골디락스는 숲속의 집에 관심을 갖고, 그 안에 무엇이 있는지 알고 싶

어 했어요. 골디락스는 호기심이 많은 사람인가요?

2. 호기심이 많다는 것은 무엇을 의미하나요? 호기심은 어떤 행동이나 말로 표현될까요?
3. 호기심은 좋은 것일까요? 왜 그렇게 생각했나요?
4. 호기심이 지나칠 수 있을까요? 왜 그렇게 생각하나요?
5. 우리는 보통 호기심이 필요하다고 생각합니다. 하지만 호기심이 폭력이 될 수도 있을까요? 언제 호기심이 적절하지 않게 여겨지나요? 왜 그런가요?
6. 호기심이 많아서 예의에 어긋나는 경우도 있을까요? 왜 그렇게 생각하나요?
7. 예의란 무엇인가요?
8. 골디락스와 곰 중 누가 더 예의 바른가요? 그 인물을 선택한 이유는 무엇인가요?
9. "호기심이 고양이를 죽일 수 있다. 그러나 만족은 그 고양이를 다시 살릴 수 있다."는 말이 있습니다. 이 말은 어떤 의미일까요? (Curiosity killed the cat, but satisfaction brought it back.)

✱ 연계 활동: 예의

다음의 표를 함께 채우고 토론해보세요. 새로운 예를 추가하여 토론해도 좋습니다.

행동	예의에 어긋난다	예의 바르다	둘 다 아니다/ 잘 모르겠다	이유나 설명
음식 싹싹 긁어 먹기				
식사 중에 트림하기				
말하기 전에 '실례합니다'라고 하기				
입 가리고 기침하기				
남동생이 못되게 굴어서 엄마한테 이르기				
선생님이 말하는 도중에 끼어들기				
일어나서 교실에서 돌아다니기				
내가 탈 차례니까 다른 아이 그네에서 밀어내기				
선생님의 연애에 관해 물어보기				

[숫자와 셋(3)]

이 동화는 셋(3)의 반복으로 이루어져있다. 아마 아이들은 이 이야기를 읽으면서 자연스럽게 사물이나 사건이 세 번씩 반복되는 것을 발견할 것이다.

✱ 토론 질문

1. 이 이야기에서 가장 많이 등장하는 숫자는 무엇인가요?
2. 이야기 전체에서 세 번씩 반복되는 경우는 몇 번 나오나요?
3. 가장 좋아하는 숫자가 있나요? 있다면 무엇인가요? 그 숫자를 가장 좋아하는 이유는 무엇인가요?
4. 숫자는 어디에서 시작된 것일까요?
5. 숫자는 진짜 있는 걸까요? 아니면 우리의 생각이나 말 속에만 있는 걸까요?
6. 여러분은 언제 어디서 숫자를 사용하나요?

[딱 알맞음]

이 동화에서 숫자 3은 죽의 온도, 의자 크기, 침대 높이 간의 관계를 표현하기 위해 사용되었다. 첫 번째 것은 과하고, 두 번째 것은 모자라고, 세 번째 것이 언제나 딱 알맞다는 대조를 반복하는데, 이것이 바로 중용을 찾아가는 과정으로 가장 적절한 상태(덕)는 과함과 모자람이라는 두 극단 사이의 중간이라는 아리스토텔레스의 덕 이론을 연상시킨다. 아마 어린이들도 자기 삶 속에서 딱 알맞은 상태를 발견하기 위해 '딱 알맞음'이 무엇인지 궁금해할 것이다.

* 토론 질문

1. 골디락스는 곰의 접시, 의자, 침대를 각각 사용해 보고, 그 각각에 대해서 어떻게 설명했나요?
2. 언제 '과하다'라는 말을 사용하나요? 예를 들 수 있을까요? 반대로 '모자란' 상태는 어떨 때인가요?
3. 무엇이 "딱 알맞음"은 어떻게 결정하나요?

* 활동

아래 표의 사례들을 과함과 모자람과 딱 알맞음으로 나눠 봅시다.

예시: 내 기준에서, 이 예시들이 어떻게 느껴지나요?	과하다	모자라다	딱 알맞다	이유나 설명
점심으로 3리터 우유 마시기				
학교 갈 때 바비 인형 신발 신기				
농담으로 친구들 웃기기				
가족들과 20km 등산하기				
강아지 동네 한 바퀴 산책시키기				

선생님이 틀렸다는 것을 선생님께 큰 소리로 알려드리는 용기를 보여주기				
질문시간에 질문하는 용기를 보여주기				
누가 주스를 쏟았는지 알면서도 말하지 않는 용기를 보여주기				

* 한글 번역본

골디락스와 곰 세 마리, 애플비편집부
http://aladin.kr/p/df2NI

부록 A

철학과 아이들에 관한 보충자료

이 책을 통해 철학적 탐구를 처음 접한 분들을 위해 좋은 책들을 추천한다. 어린이와의 철학 탐구 활동을 담은 책은 매년 출판되고 있으며, 온라인 자료들도 새롭게 추가되고 있다.

Hannan, Patricia and Echeverria, Eugenio. "청소년과 함께하는 철학(Philosophy with Teenagers)." New York: Continuum, 2009.

- 이 책은 청소년과 함께하는 경우 특히 유용한 자료이다. 한난과 에체베리아는 철학적 대화의 경험이 풍부한 지도자로서 이 분야에서 워크숍을 주최하고 다양한 저서를 발표해왔다.

Lipman, Matthew, Ann Margaret Sharp, Frederick S. Oscanyan, "교실에서의 철학(Philosophy in the Classroom)." Philadelphia, PA: Temple University Press, 1980.

- 이 책은 1980년대에 출판되었지만, 교실에서 철학이 어떻게 드러나며, 왜 모든 연령대의 아이들을 교육할 때 철학적 대화가 필요한지를 설명한 고전이다. 매튜 립맨과 앤 샤프는 어린이와 청소년을 위한 철학의 분야를 이끈 선구자로서, 이론적 기반을 다졌을 뿐만 아니라 학생들과 함께 사용하기 위한 여러 철학 소설을 개발하였다.

Matthews, Gareth, "어린이와 함께하는 철학(Philosophy and the Young Child)." Boston, MA: Harvard University Press, 1980.

Matthews, Gareth, "대화(Dialogues)." Boston, MA: Harvard University Press, 1992.

- 개러스 매튜스는 아이들과 철학적 대화를 나누는 것에 언급한 어린이 철학의 초기 연구자이다. 이 두 텍스트는 쉽고 매력적이며, 아이들의 철학적 사고의 다양한 예시를 제공한다. 이러한 예시들은 아이들의 의견과 질문에서 철학적 가능성을 인식하는 데 도움이 된다.

McCall, Catherine, "생각의 전환 - 초등과 중등 교실에서의 철학적 탐구(Transforming Thinking-Philosophical Inquiry in the Primary and Secondary Classroom)." New York: Routledge, 2009.

- 매콜의 텍스트는 다소 이론적인 성격을 띠고 있지만, 아이들 사이에서 진정한 철학적 사고와 대화를 전개하기 위한 훌륭한 가이드를 제공한다. 그녀는 단순한 수다나 모든 답변을 멋진 것으로 받아들여서는 안 된다는 점을 상기시켜주며, 다른 것과 구별되는 철학적 대화의 핵

심이 무엇인지 설명한다.

Mohr Lone, Jana, "철학적인 아이(The Philosophical Child)." Lanham, MD: Rowman & Little field, 2012.

- 저자는 어린이와 청소년에게 철학을 퍼트리기 위해 전념하는 미국 단체 PLATO의 창립자이자 전 회장이다. 그녀는 부모와 다른 사람들에게 그들의 생활 속에서 아이들과 철학을 시도해보라는 훌륭한 제안을 한다. 그녀가 경험 많은 토론 진행자로서 쓴 여러 글과 책 중에서도 이 책은 특히 부모들에게 도움이 될 것이다.

Stanley, Sara, "Why Think? Philosophical Play from 3-11." New York: Continuum, 2012.

- 스탠리는 철학적 놀이와 관련된 경험을 가진 전문가이다. 만약 어린 아이들을 가르치거나 어린아이들과 함께하고 있다면, 이 책은 이야기뿐만 아니라 활동과 놀이를 포함한 철학적 기법을 확장하기 위한 재미있는 자료가 될 것이다.

Wartenberg, Thomas, "Big Ideas for Little Kids: Teaching Philosophy through Children's Literature." Lanham, MD: Rowman & Littlefield, 2014.

- 바텐버그는 전통적인 아동 문학을 활용하여 철학적 사고를 촉진하고자 하는 교사와 부모들을 위한 훌륭한 자료들을 개발했다. 전문 철학자인 그는 전통적 철학 개념에 탄탄히 근거하여, 아이들의 이야기에서

철학적 주제와 질문을 찾기 어려운 초보자에게 도움이 될 수 있는 아이디어를 제공한다. 그의 저작은 여러 면에서 이 책에 영감을 주었다.

Worley, Peter, "The If Machine." New York: Continuum, 2011.

- 영국을 기반으로 하는 월리는 어린이 및 청소년과 함께 철학을 하는 데 관한 매력적이고 영감을 주는 책 시리즈를 제작했다. 이 책은 그의 첫 번째 저작 중 하나이며 그와 동료들은 온라인으로 많은 자료를 제공하고 워크숍도 주최한다.

아래 두 논문은 철학과 동화 사이의 연결을 다루고 있다.

Stanley, Sara, "A Skills Based Approach to P4C-Philosophy, Fairy Tales, and the Foundational Stage." Gifted Educational, Vol. 22, 2007, pp. 172-181.

- 스탠리는 4주 모델을 제시하며 동화를 활용한 여러 가지 활동(큰 사고를 하도록, 유연하며 새로운 아이디어에 열려있도록, 질문을 하도록, 아이들에게 중요한 문제와 아이디어와 연결시키도록 하는 활동)을 격려한다.

Tesar, Marek, David W. Kuperman, Sophia Rodriquez, and Sonja Arndt, "'Forever Young' Childhoods, Fairy Tales and Philosophy." Global Studies of Childhood, Vol. 6 (2), 2016, pp. 222-233.

- 이들은 동화에 영감을 받은 현대 이야기가 어떻게 아동에 대한 함축

된 모델을 바탕으로 아동을 형성하고 틀에 맞추어내는지를 탐구한다. 이 논문은 이론적이며, 어떤 이야기든 그 아래에는 추정하고 가정할 수 있는 숨은 의미가 있다는 것을 조심스러운 어조로 우리에게 상기시키고, 독자가 어떻게 그것을 받아들이는지를 드러낸다. 어린이를 위한 이야기들 안에서 어떠한 암호화된 메시지들이 전달되며, 우리는 그러한 메시지들을 어떻게 알아차리고 그 안에 내포된 모델을 인식할 수 있어야 할까?

부록 B

고전 동화의 현대적 재해석

우리에게는 활용할 만한 "현대판 동화"들이 많이 있다. 이들은 등장인물, 배경 혹은 결말에 독특한 변화를 주어 제공되는 판본들이다. 다음은 어린 아이들을 대상으로 한 여러 그림책 중에서 익숙한 동화를 독특한 각도에서 보여주는 것들을 추려낸 목록이다.

Dodd, Emma, Cinderelephant. London, UK: Templar Publishing, 2012.

Emmett, Jonathan, The Princess and the Pig. London: Bloomsbery, 2011.

Geist, Ken, Three Little Fish and the Big Bad Shark. New York: Cartwheel Books, 2007.

Hale, Bruce, Snoring Beauty. Boston: HMH Books for Young Readers, 2008.

Jackson, Ellen, Cinder Edna. New York: HarperCollins, 1998.(한국어 번역서: 신데룰라, 이옥용 역, 보물창고, 2007)

Munsch, Robert, The Paperbag Princess. Toronto: Annick Press, 1981.

Schwartz, Corey Rosen, Ninja Red Riding Hood. New York: G. P. Putnam's Sons Books for Young Readers, 2014.

Scieszka, Jon, The True Story of the Three Little Pigs. London: Puffin Books, 1996.(한

국어 번역서: 늑대가 들려주는 아기돼지 삼형제 이야기, 황의방 역, 보림, 2008)
Underwood, Deborah, Interstellar Cinderella. San Francisco: Chronicle Books, 2015. (한국어 번역서: 별나라의 신데렐라, 최소영 역, 어썸키즈, 2015)
Willems, Mo, Goldilocks and the Three Dinosaurs. New York: Balzer + Bray, 2012.(한국어 번역서: 골디락스와 공룡 세 마리, 정미영 역, 살림어린이, 2013)
Yim, Natasha, Goldy Luck and the Three Pandas. Watertown, MA: Charles bridge, 2015.

최근 언급할 만한 책은 리베카 솔닛(Rebecca Solnit)의 신데렐라 이야기를 재해석한 작품이다. 이 책은 아서 래컴(Arthur Rackham)의 고전적인 일러스트를 사용하면서도, 신데렐라가 왕자를 구하게 되고 그들은 친구이자 평등한 관계로 남게 되는 현대적인 내용을 담고 있다.

Solnit, Rebecca, "Cinderella Liberator." Chicago: Haymarket Books, 2019.(한국어 번역서: 해방자 신데렐라, 홍한별 역, 반비, 2021)

부록 C

동화별 탐구 주제

☽ 개구리 왕자, 혹은 철의 하인리히

☽ 라푼젤

☽ 피처의 새

☽ 빨간 모자

☽ 하얀 뱀

☽ 헨젤과 그레텔

☽ 백설 공주

☽ 장화 신은 고양이

이 책에서 참고한 자료들에 대한 안내

The Annotated Brothers Grimm edited by Maria Tatar; New York: W.W. Norton & Company, 2004, 2012.(한국어 번역서: 골디락스와 공룡 세 마리, 정미영 역, 살림어린이, 2013)

- 이 책은 놀라운 일러스트와 배경 설명을 제공하는 여러 주석 및 심리학자와 민담학자들의 해석을 담고 있다. 이 책에는 그림 형제의 43편의 이야기와, 폭력적이고 비극적인 성격으로 인해 "성인을 위한 것"이라고 설명된 9편의 더 많은 이야기도 포함되어 있다. 동화학자 마리아 타타는 이야기의 역사에 관한 훌륭한 글을 썼으며, 소설가 A. S. 바이엇이 서문을 썼다.

Beauty and the Beast-Classic Tales about Animal Brides and Grooms from around the World edited by Maria Tatar; New York: Penguin Books, 2017.

- 이 책은 고대부터 이어져 온 전형적인 부부, 유명한 상상 속의 카리스마 있는 부부, 동물 신랑 및 동물 신부의 네 가지 섹션으로 나누어져 있다. 각 섹션은 전 세계 여러 다양한 문화의 고대 신화와 명작 동화를 포함한다. 관통하는 주제는 동물과 인간의 연결이다.

Hans Christian Andersen-The Complete Fairy Tales and Stories, translated by Erik Christian Haugaard; New York: Anchor Books, 1983 edition.

- 이 책은 막대한 양의 텍스트지만 좋은 안데르센 동화를 선별하여 제공한다. 그의 독특한 측면 중 하나는 그가 동화를 의도적으로 만들어내었으며, 이전의 이야기 원천들에서 물려받지 않았다는 점이다.

The Classic Fairy Tales, edited by Maria Tatar; New York: Norton Critical Edition 1999.

- 이 책은 다양한 문화에서 나타나는 여덟 편의 동화를 현대의 재해석을 포함하여 제시한다. 또한 이 책은 유명한 학자들에 의한 많은 에세이와 주석을 포함하며, 이는 성인과 청소년들에게 동화의 본질에 대한 비판적 사고를 자극한다.

The Complete First Edition of the Original Folk and Fairy Tales of the Brothers Grimm, translated and edited by Jack Zipes; Princeton, NJ: Princeton University Press, 2014.

- 이 책은 비교적 최근에 나왔으며 그림 형제의 최초 판본부터의 모든 이야기를 포함한다. 이 책에는 이야기에 대한 안내와 19세기에 그들이 출판한 여덟 개 이상의 판본과 그림 형제의 역사에 관한 잭 자이프스(Jack Zipes)의 훌륭한 서두 에세이가 포함되어 있다.

The Great Fairy Tale Tradition, selected and edited by Jack Zipes. New York: Norton Critical Edition, 2001.

- 자이프스는 동화학의 선두 학자 중 한 명이며, 이 책은 주제별로 동화를 수집하여 정렬한다. 이 책에서는 스트라파롤라(Straparola), 바실레(Basile), 그림 형제의 동화가 주를 이루지만 알려지지 않은 작가들도 찾을 수 있다. 마지막 섹션에는 훌륭한 비판 에세이들이 포함되어 있다.

◐ 저자 소개

웬디 C. 터전(Wendy C. Turgeon)은 뉴욕 세인트조지프 대학교에서 학부생들에게 철학을 가르치고 있으며, 스토니 브룩 대학교에서 대학원생들을 위한 어린이 철학(Philosophy with Children)강좌를 여러 해 동안 가르쳤다. 또한 그녀는 어린이 철학 교육(Philosophy with/for Children) 분야에서 오랫동안 연구 활동을 이어오고 있다. 그녀의 다른 관심 분야는 미학, 환경 윤리, 중세 철학이다.

일러스트레이터 소개

앨리스 V. 거하드스타인(Alice V. Gerhardstein)(일러스트레이터)은 메리 워싱턴 대학에서 영어 학위를 받았으며, 볼더, 콜로라도의 나로파 대학에서 시를 위한 MFA 학위를 받았다. 유기농 인증 가드너로 미국 전역에서 농사를 짓고, 발달장애가 있는 어린이 및 성인들과 함께 일했으며, 현재는 노스캐롤라이나에 거주하고 있다.

◐ 역자 소개

김혜숙 _ 서울교대 어린이철학교육센터

오랜 시간 어린이철학을 연구하고 실천하고 나누는 즐거움에 푹 빠져 산다. 어린이 철학 교재와 이론서들을 번역출판하였으며, 〈철학수업 레시피〉, 〈생각하는 교실 철학하는 아이들〉 등 관련 책도 썼다. 대학원에서 어린이 철학교육을 강의하고 있다.

강희원 _ 광주 화개초등학교 교사

'벌새의 물 한 방울' 같은 삶을 아이들과 살고 싶다. 선생님들과 함께 어린이철학을 공부하고 있다.

남진희 _ 서울 월곡초등학교 교사

아이 넷을 낳아 기르며 아이들의 친구들과 신나게 생각을 탐험하는 여행가이다. 함께 철학할 생각탐험대원들을 늘 모집하고 있다.

문소정 _ 강원 철암고등학교 교사

선한 영향력을 세상에 전하고 싶다. 생각하고 사유하는 질문의 힘이 건강한 정치 공동체를 만들어낼 거라 믿는다.

배소현 _ 서울 대방초등학교 교사

아이들과 함께 철학하며 더 많이 사랑하고 싶다. 학교에서의 작은 철학 모험이 삶이라는 큰 모험으로 이어지기를 바란다.

양지선 _ 서울 중동고등학교 철학 교사

철학하는 삶이란 오로지 선하게 살아가는 것뿐이라 믿는다. 희망 없이 인간을 사랑하는 사람이라 아이들 곁에 머문다.

전명선 _ 경기 문원초등학교 교사

이 땅에 온 이유를 사유하다가 기다림의 미학을 알게 되었다. 철학함을 실행하는 좋은 사람들 덕분에 어제보다 나은 사람이 되어 가고 있다.

아이부터 어른까지 함께하는

동화 속 철학 탐험

Philosophical Adventures with Fairy Tales

New Ways to Explore Familiar Tales with Kids of All Ages

2024년 4월 25일 1판 1쇄 인쇄

2024년 4월 30일 1판 1쇄 발행

지은이 • Wendy C. Turgeon

옮긴이 • 김혜숙 · 강희원 · 남진희 · 문소정 · 배소현 · 양지선 · 전명선

펴낸이 • 한정주

펴낸곳 • 교육과학사

경기도 파주시 광인사길 71

전화 • 031)955-6956~8 / 팩스 031)955-6037

Home-page • http://www.kyoyookbook.co.kr

E-mail • kyoyookbook@daum.net, kyoyook@chol.com

등록 • 1970년 5월 18일 제2-73호

정가 18,000원

ISBN 978-89-254-1893-3